| 프란치스코 교황 잠언집 |

가난한 벗들에게

프란치스코 교황 말씀 | 장혜민(알퐁소) 엮음

진실로 마음의 평온을
유지하십시오.

| 엮은이의 글 |

세상 사람들의 마음을 치유하는 성자
프란치스코 교황의 따뜻한 말씀

    2013년 3월 13일, 바티칸 시스티나 성당에 흰 연기가 피어올랐다. 제266대 교황으로 아르헨티나 출신 호르헤 마리오 베르고글리오 추기경이 선출되는 순간이었다.

    그는 교황명으로 '프란치스코'를 선택했다. 이는 '아시시의 성 프란치스코'가 그러했듯 낮은 자의 편에 서서 사랑을 전하겠다는 의지가 반영된 것이다.

    그는 교황으로 선출된 직후부터 선종할 때까지 여태껏 우리가 봐 왔던 교황의 관례를 깨고 항상 먼저 다가가 사랑을 전한다. 온 얼굴이 혹으로 뒤덮인 환자에게, 가난에 허덕이는 노부인에게, 불안에 떨고 있는 청년들에게 손을 내밀었다.

교황은 진솔하고 깨끗한 종교인으로 기억되고 있다. 늘 검소와 겸손을 몸소 보여 주며, 낮은 자와 가난한 이를 감싸하는 마음으로 사랑을 전한다.

이 책에는 이처럼 사랑의 마음으로 충만한 프란치스코 교황이 남긴 잠언이 가득 담겼다.

전 세계인을 감동시킨 프란치스코 교황의 한마디 한마디가 상처 입은 우리의 마음을 치유한다. 고뇌로 가득한 우리 인생길에 밝은 등불을 비춰 어디로 가야 할지 방향을 잡게 한다.

프란치스코 교황의 말씀을 접하면 우리는 그의 손길이 닿았던 수많은 사람 중에 하나라는 생각이 들 정도로 따뜻한 감동에 젖게 된다. 또한 물질적으로나 마음이 가난한 사람들, 소외받은 사람들, 낮은 위치에 있는 사람들을 위한 메시지를 읽으면서 인생에서 진정으로 소중한 것이 무엇인지 깨닫게 된다. 자신을 겸손의 상징인 '빈자'로 칭하고 소외받은 이들을 포옹한 프란치스코의 사랑, 용서, 일치, 신앙, 진리, 희망, 빛, 기쁨, 위로, 이해, 베풂, 용서 등의 말씀이 가득한 잠언집.

'빈자' 프란치스코 교황이 세상의 모든 가난한 이에게 들려주는 말씀이 우리 영혼에 깊은 울림을 준다.

물질적인 것은 물론이고, 마음이 가난한 이들에게 빈자들의 성인 프란치스코는 "행복은 언제나 가난한 이의 것이다."라는 사랑과 용기의 말씀을 전한다.

 하루를 시작하거나 정리할 때, 마음이 복잡해서 위로가 필요할 때, 혼자서는 견딜 수 없을 만큼 힘들 때, 프란치스코 교황의 잠언을 천천히 읽어 보자. 세상 끝에서 온 성자 프란치스코가 가난한 이를 위해 발걸음을 옮긴 곳곳에 남긴 찬란하고 위대한 말씀이 마음을 두드린다.

장혜민(알퐁소)

• 차례 •

엮은이의 글 · 5

조건 없이 베푼다는 것

익숙함에서 벗어나세요 · 16

우리 인생의 주인공은 바로 우리입니다 · 18

대화의 시작은 경청입니다 · 23

하느님의 비밀 · 27

행복 지침 10가지 · 33

온 마음을 다하여 · 36

사랑하는 사람의 얼굴을 보세요 · 40

조건 없이 베푼다는 것 · 45

교육에 대하여 · 47

사랑으로 인도하는 마음 · 52

희망하게 하소서

축복은 '좋게'와 '말하다'입니다 · 58

인간의 존엄성 · 62

성모 마리아처럼 · 66

희망하게 하소서 · 70

상대방의 마음을 여세요 · 73

결혼은 함께 짓는 집 · 76

주님, 저를 당신의 도구로 써 주소서 · 79

부활절 · 82

진정한 만남 · 88

마음을 어루만져 줄 천사 · 93

보이는 것이 전부가 아닙니다

가족의 소중함 · 98

땅은 우리의 집입니다 · 102

주의하세요 · 105

보이는 것이 전부가 아닙니다 · 107

조건 없이 베푸는 사랑 · 111

가엾은 존재를 기억하세요 · 114

사랑은 진정한 힘입니다 · 117

겸허한 사랑의 가르침 · 120

항상 깨어 있어라

착한 사마리아인 · 124

잘게 나눠진 예수님처럼 · 127

항상 깨어 있어라 · 130

희망의 표징 · 132

믿음의 문 · 134

부활의 은총 · 141

주님의 사랑, 받을 준비가 되어 있습니까 · 151

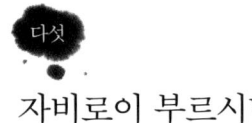

자비로이 부르시니

프란치스코 교황 연보 · 188

프란치스코 교황 문장-자비로이 부르시니 · 190

조건 없이 베푼다는 것

익숙함에서 벗어나세요

　인생에서 경계해야 할 것이 하나 있습니다. 바로 무엇인가에 익숙해진다는 것입니다.
　우리는 삶에 너무 익숙해져서 놀라고 감격해야 할 현실에 맞닥뜨려도 무감각해질 때가 많습니다.
　가령 우리는 감사해야 할 좋은 일에도 슬퍼해야 할 나쁜 일에도 마음이 무뎌지곤 합니다.

　언젠가 지인에게 안부를 물었던 적이 있습니다. 그분은 "잘 못 지냅니다. 그런데 익숙합니다."라고 대답했습니다.
　이 대답은 저를 굉장히 놀라게 하는 것을 넘어서 당혹감까지 주었습니다.
　우리는 매일 아침 일어나는 것에 익숙합니다. 마치 익숙한 생활 외에는 다른 방법이 없는 것처럼요. 폭력적인 뉴스는 늘

접했던 소식으로 여기며 익숙해합니다.

일상적인 굶주림과 길거리에서 일어나는 비극적인 소식에 익숙합니다. 우리는 어린이와 여성의 희생에도 익숙합니다.

더는 기도하지 않고 십자성호를 만들지 않는 이교도들로 넘쳐흐르는 도시에서 살아가는 것에도 익숙합니다. 이런 익숙함은 우리의 마음을 무뎌지게 합니다.

이는 우리 마음속에 남아 있던 희망을 회복하지 못하게 하고, 악을 구분할 수 없게 만들어서 그것과 대항하여 싸울 수 없게 합니다.

종종 충격적이고 강렬한 순간이 우리를 찾아오기도 합니다. 이는 우리 의식 속에 박혀 있는 좋지 않은 습관을 없애며 부조리한 현실에 맞설 용기를 줍니다.

소중히 여기는 물건을 잃고 나서야 그 귀함을 깨닫는 경우가 그렇습니다. 그제야 후회하면 늦습니다. '익숙함'이라는 독에 빠진 우리의 의식과 나태함을 벗을 수 있는 계기가 필요합니다.

우리 인생의 주인공은 바로 우리입니다

예수님은 "인생은 '이것'이고, 나는 이를 받아들이겠노라." 라고 말씀하시곤 했습니다.

축구의 규칙처럼 우리는 바로 앞에 온 공을 직접 잡아야 합니다. 공이 어디로 날아올지 아무도 모르고 우리가 결정할 수도 없는 일입니다.

인생도 이와 같습니다. 그렇기 때문에 우리는 자신의 삶이 마음에 들지 않더라도 이를 받아들여야 합니다.

한 아버지가 있었습니다. 아버지는 아들이 자라는 것을 지켜보았고, 아들에게 물려주기 위해 어마어마한 재산을 모았습니다.

그러던 어느 날, 아들이 방황하는 모습을 보고 아버지는 마음을 바꾸었습니다.

아버지는 아들이 자신의 인생을 주체적으로 살 수 있게 가만히 두었습니다. 아버지는 아들에게 조언했습니다. 다만 문제를 직접 해결해 주지는 않았습니다. 그리고 아들에게 물려줄 재산을 모두 없앴습니다.

아버지는 아들이 재산을 낭비해 곧 탕진할 것을 알았습니다. 분명히 아버지는 아들에게 경고하고 조언했지만 아들은 말을 듣지 않았고 곧 집을 떠났습니다.

복음에 따르면, 아버지는 아들이 멀리서부터 다가오는 것을 지켜보았습니다. 아버지는 모든 어려운 순간을 극복한 아들을 기다리고 있었습니다. 망나니, 강도들을 만나며 아들은 값비싼 교훈을 얻었습니다. 그리고 흙탕물 같은 현실 속에서 근근이 생활해 나갔습니다.

아버지는 아들이 파괴되고 더럽고 죄로 가득하거나 망가지는 삶이 어떤 식으로 다가오더라도 이를 받아들이는 법을 배우기를 바랐습니다. 아들은 그런 삶에 수긍하고 현실을 고스란히 안은 채 살아야 했습니다.

종종 우리는 옛날 율법학사들이나 바리새인(위선자)들같이 보기에 그럴싸한 것들과 멀어지는 것을 피하려고 합니다. 이를테면 "삶이 깨끗하게 정화될 때까지 삶을 받아들이지 않는다."는 태도를 취하는 것입니다. 그들은 식사하기 전에 수천수백 번 손을 씻습니다. 그리고 수 시간에 걸쳐 목욕합니다. 하지만 예수님은 그러한 것들과 거리를 두었습니다. 왜냐하면 그것은 하느님이 원하는 것과 거리가 먼 일이었기 때문입니다.

하느님은 우리의 가장 나쁜 것들과 함께 섞이도록 그의 아들을 보냈습니다.

가장 나쁜 것들은 바로 예수님의 벗이었습니다. 예수님은 삶이 어떻게 다가오든지 항상 공평하게 대했습니다.

예수님은 모든 사람을 각자의 인생에서 주인공이 되게 했고 애정, 부드러움, 설교, 조언으로 그들과 함께했습니다. 또한 예수님은 이를 결코 강요하지 않았습니다.

그 누구의 인생도 강요할 수 없습니다.

인생은 스스로 씨를 뿌리고 물을 줍니다. 각각의 인생은 그 인생의 주인이 주인공입니다. 바로 이것이 하느님이 바라는 것입니다. 우리 모두 하느님이 원하는 것처럼 우리의 삶에서 주인공이 되도록 합시다.

아버지는 아들이 돌아오는 모습을 보았습니다. 분명 그의 아들이었고 또 많은 것을 잃은 한 인간이었습니다. 아버지는 마음 깊은 곳이 주체할 수 없을 정도로 흔들렸습니다. 아들의 영혼과 몸은 여기저기 기운 옷에 덮여 있었고 상당히 굶주린 상태였습니다.

사실, 아버지는 이렇게 물으려고 했습니다.

"모든 재물을 가지고 떠난 철면피가 모든 것을 탕진하고 지금 이렇게 굶주린 상태로 돌아왔구나. 집사로 하여금 맞이하지 말라고 할 것이다. 네가 고난을 더 겪은 후에 내가 널 받아들일 것인지 생각해 볼 것이다."

하지만 아버지는 아들을 보자마자 마음이 흔들렸고 달려 나가 아들을 껴안았습니다. 그리고 그의 아들이 아버지에게 용서를 빌려고 할 때 뜨겁게 포옹해서 그 입을 막았습니다.

축제는 준비되었습니다. 삶과 만남은 축제와 같습니다. 삶을 함께한다는 것은 다른 사람을 만나 그 사람이 어떤지, 어떻게 다가오는지, 어떻게 그를 찾을 것인지 알아 스스로 고무되게 합니다.

이것이 만남이며 이 만남은 축제입니다.

예수님이 말했습니다.

"여러분은 여러분 곁에 둔 각각의 사람과 함께 수많은 축제를 즐기게 될 것입니다. 그리고 이는 성전과 가까워지게 하고 성전으로 돌아오게 만들 것입니다."

여러분, 여러분의 인생에는 축제나 만남이 있습니까? 여러분은 이것이 축제라고 생각하십니까? 아니면 이것은 모두 미라입니까? 미라는 다정함, 만남의 여지를 배제하고 공식과 규율에 얽매이는 사람들을 뜻합니다.

저는 희망합니다. 여러분 중에 미라 같은 사람이 없기를요. 여러분이 겉치장에만 신경 쓰지 않기를 바랍니다. 다른 이의 삶을 안아 줄 줄 알고 다른 이의 마음을 울리는 심장을 가지기를 바랍니다.

대화의 시작은 경청입니다

 만남을 회복하는 것. 이것을 위한 가장 적절한 수단은 바로 대화입니다. 대화의 능력을 깨우는 것입니다.
 만남을 통해 누군가가 이타성을 되찾을 때, 대화를 시작하게 되고, 대화하는 것은 듣는 것뿐만 아니라 경청하는 것을 의미합니다. 경청하는 능력을 되찾는 것입니다.

 아르헨티나가 낳은 위대한 사상가 중 한 명인 산티아고 코바들로프는 위험과 재해, 그리고 또 말을 동일화하는 것에 대해 말했는데, 그것들 뒤에 더 나쁜 위험과 나쁜 질병이 있습니다. 바로 생각을 동일화하는 것입니다. 지성의 자폐증. 거품 안의 것들을 품게 되는 감정의 자폐증 말입니다. 그래서 이타성을 되찾고 대화를 되찾는 것이 근본적인 해결 방안입니다. 대화가 없는 순간에 우리는 이렇게 말하는 것을 멈춥시다.

"조국을 잃은 고아가 된 것이 매우 슬프다. 후에 우리는 깨달았다."

어쩌면 우리는 늦게 깨달을 수도 있습니다. 대화는 이때 우리가 보호하는 모든 것과 폐쇄된 이데올로기를 깰 수 있는 중요한 계기이며, 다른 사람을 경청하고 다른 사람도 우리를 경청하는 것을 전제로 하는 작고도 중요한 것을 통해서 시야를 넓힐 수 있는 중요한 계기이기도 합니다.

대화하는 것은 역사를 향해 좋은 기회를 확대하는 것이고, 미래를 향해 역사의 토대를 단단히 하는 것이며, 유산을 버리는 능력을 가지는 것입니다.

대화는 궁극적으로 우리에게 공동생활의 길을 가르치면서 우리와 대화를 시작하신 하느님을 본받는 것입니다.

대화를 통해 우리는 우리 부모의 기억과 물려받았던 유산을 되찾습니다. 나중에 그것을 소비하기 위해 보존하려는 목적이 아니라, 우리가 함께 그것을 늘릴 수 있도록 유산을 받고, 그 기억을 되찾는 것입니다.

대화를 통해 우리는 현재의 도전 과제와 함께 굳건히 약속합니다. 그 기억이 현재 현실에서 구현되게 하며, 현재 모든 도전 과제에 대한 답을 주게 하는 것입니다. 대화를 통해 우리는 더는 나 혼자가 아니라 많은 사람이 있기에 서로를 북돋울 수 있습니다.

우리가 대화할 때 미래의 유토피아를 위해 현재 약속된 유산을 놓아줄 용기를 가질 수 있습니다. 또한 미래 유토피아의 생산력 있는 약속을 통해 얻어진 유산을 늘리는 우리의 의무를 다할 용기를 가질 수 있습니다.

불화의 나라가 되어서는 안 됩니다. 만남, 소통의 문화가 필요합니다. 바로 대화라는 수단을 통해서 말입니다. 왜냐하면 나라를 잃은 고아가 되는 것은 매우 슬픈 일이기 때문입니다.

우리는 나라를 잃어서는 안 됩니다. 나라를 이용해서도 안 됩니다. 상인에게 팔아 버려서도 안 됩니다. 주어진 유산을 낭비해서도 안 되고 매장해서도 안 됩니다. 성장하도록 해야 합니다. 그것이 바로 나라, 조국입니다.

    만약 조국을 잃는다면, 우리는 매우 슬플 것이고 나중이나 돼서야 깨달을 것입니다. 모두들 그렇게 하길 바랍니다. 모두가 해 왔던 것에, 그리고 앞으로 할 것에 감사 드립니다!

하느님의 비밀

오늘, 첫 번째 이야기로 믿음이 없는 자, 멍청한 자, 모든 것을 설명할 수 있는 자, 그리고 자신의 인생을 잘 가꿀 수 있는 자의 생각에 대해서 이야기해 보겠습니다.

지혜서는 다음과 같은 구절로 시작합니다.
"믿음이 없는 자들은 오류로 가득한 추론을 한다."
그들은 모두 고통의 신비, 고뇌의 신비, 죽음의 신비와 같은 현재 발생하는 것들을 추론하지만 이는 오류로 가득합니다. 그리고 그 구절은 다음과 같은 문장으로 끝납니다.
"그들은 하느님의 비밀을 알지 못한다."
참사가 벌어진 지 한 달만인 오늘 저는 천국의 아버지인 하느님께 이렇게 말씀 드리고 싶습니다.

"아버지, 당신의 비밀은 무엇입니까? 어찌하여 이렇게 많은 생명을 거두어들이시는 것입니까? 수십 명이 목숨을 잃었고 그중에는 심지어 아직 태어나지도 않은 목숨도 있습니다. 아버지, 우리가 이를 어떻게 이해해야 할지 설명해 주세요. 도대체 왜 이런 일이 일어나는 것입니까?"

제게 어떤 이미지가 떠올랐습니다. 우리가 아이였던 그때, 항상 호기심이 가득해 "왜?"라는 질문을 달고 다니던 모습이었지요.

잘 관찰해 보면 아이는 어느새 부모에게 이해가 가지 않는 일과 아이들을 위협하는 일 따위에 대해 "왜?"라는 질문을 던지기 시작합니다.

오늘날 우리는 아버지 앞에 선 아이들과 같습니다. 하지만 아이들은 아버지의 대답을 듣지 않습니다. 아버지께서 대답을 하시면 아이들은 금세 다른 것에 "왜?"라는 질문을 던집니다.

간단히 말해 아이들은 그저 아버지의 관심을 끌고 싶어 하는 것입니다. 그리고 오늘 우리가 왜라는 질문을 던질 때 우리 모두는 완전한 설명을 듣지 못할 것임을 알고 있습니다.

아마 우리는 사람이 결정한 무책임하고 오류가 많은 설명을 듣게 될 것입니다. 하지만 많은 사람이 목숨을 잃은 것에 대해서 설명할 길이 없습니다.

오늘은 단지 "왜"라는 물음만 우리에게 남을 것입니다. 우리는 지금 여기에서 희생자의 유족들, 형제자매가 모두 모여 아버지의 관심을 끌고, 이윽고 아버지께서 우리를 위로해 주기를 바랄 뿐입니다.

우리는 성가를 부르고 기도하곤 했습니다. 하느님께서는 고통의 곁에 계십니다. 하느님, 당신이 우리 곁에 계시다면 느끼게 해 주십시오.

하느님, 우리는 하느님께서 정의를 실현해 주기를 원합니다. 정의 뒤에 책임감이 없는 책임자들, 자신의 의무를 행하지 않는 사람들이 있다는 것을 우리는 알고 있습니다.

우리는 그들을 벌하는 것을 원치 않지만 그들의 마음을 변화시키고 싶어 합니다. 왜냐하면 그들의 무책임함은 매우 값비싼 대가를 치르게 하기 때문입니다. 한 사람 한 사람의 목숨은 그 값어치를 따질 수 없기 때문입니다.

우리는 이 모든 것의 한가운데에 고뇌와 고민이 있다는 것을 알고 있습니다.

아울러 고통의 한가운데에는 떠나가 버린 사람들과 보냈던 생생한 순간의 기억이 남아 있음을 알고 있습니다.

우리는 문제가 있으면 밖으로 드러내어 어떻게 개선해 나갈지 고민하고 극복해 낼 것입니다.

우리는 고난과 함께하는 하느님의 은총을 바랍니다. 고통 너머의 것을 볼 수 있게 해 주는 하느님은 우리의 눈을 뜨이게 합니다.

우리가 눈을 뜨기 위해서는 하느님뿐만 아니라 우리 자신도 많은 눈물을 흘려야 할 것입니다.

하느님, 우리를 좀 봐주십시오. 이곳에는 인간의 신비를 설명해 줄 지도자가 없습니다. 아무도 우리에게 이것은 이렇게 될 것이고 우리가 괜찮을 것이라고 말해 주지 못합니다.

우리는 고통을 견디거나, 마비에 무감각해지거나, 한탄하거나, 정의를 고요히 외치거나 또는 이를 덮어 두는 것들 중에 하나를 선택해야 합니다.

우리는 정의로운 마음으로 하늘을 바라보고 또 하느님을 바라봅니다. 그리고 하느님께 이토록 많은 희생자의 유족을, 그들의 마음을, 그리고 수많은 희생자로 인해 고통받는 이 도시를 위로해 달라고 기도합니다.

이 도시에서 더는 아무도 울지 않고, 모든 것이 고쳐지고, 다시 자리 잡기를 바랍니다.

흔들려서 "저를 살펴 주지 않아서 감사합니다, 하느님."이라고 말하는 쉬운 손길에 우리가 현혹되지 않길 바랍니다.

또한 다른 무엇인가에 타협하지 않기를 바랍니다.

오늘 우리 형제와 고통을 함께 이겨 내고 다 같이 하늘, 하느님을 바라봅시다.

그리고 우리 하나하나 모두 마음을 열며 하늘에 "왜"라는 물음을 던져 봅시다. 저는 여러분께 답을 드릴 수가 없습니다. 그 어떤 주교도 그 답을 할 수 없을 것입니다.

하지만 하느님은 여러분을 위로해 주실 것입니다. 하느님은 여러분에게 올 수 있으며 아버지로 존재할 것입니다. 그리하여 우리에게 의미 있는 삶과 죽음의 조화를 느끼게 해 주실 것입니다.

오늘의 기도를 드립니다.

"아버지, 고통 곁에 계시는 아버지. 아버지, 우리는 당신의 비밀을 모르는 존재가 되고 싶지 않습니다. 아버지, 우리의 마음속으로 오셔서 아버지의 부드러운 힘을 보여 주십시오."

행복 지침 10가지

첫째, 다른 사람의 삶을 인정하세요.

이른바 공존공영주의입니다.

옛 로마에도 "서로 자신의 방식대로 살게 하라(Campa e lascia campa)."는 속담이 있습니다.

둘째, 타인에게 관대해지세요.

고인 물은 썩기 마련입니다.

셋째, 마음의 평온을 유지하세요.

넷째, 여가를 즐기세요.

아이들과 놀아 주되, 소비주의에 빠지는 것을 경계하세요.

다섯째, 일요일은 가족과 함께 보내세요.

가족과 식사할 때는 TV를 잠시 꺼 두는 것이 좋습니다.

여섯째, 젊은 사람을 위한 일자리를 만드세요.

많은 젊은이가 실직 상태에 있는 사태가 매우 우려됩니다.

그들이 숙련된 기술을 갖추도록 해 '노동의 보람'을 느끼게 합시다.

일곱째, 환경을 보존해야 합니다.

환경 파괴는 인류가 직면한 가장 큰 문제 중 하나입니다.

인간의 무분별한 파괴 행위는 곧 '자살행위'입니다.

여덟째, 부정적으로 생각하지 마세요.

특히, 다른 사람을 험담하지 마세요. 우리 자신이 얼마나 낮은 자존감을 가지고 있는지를 증명하는 꼴밖에 안 됩니다. "자신이 대우받고 싶은 만큼 남을 대하라(Treat others as you wish to be treated)."는 성경의 황금률도 있지 않아요.

아홉째, 타인을 개종시키려 하지 말고 그들의 믿음을 존중하세요.

교회는 개종이 아닌 '끌어당기는 매력'으로 성장합니다.

열째, 평화를 위해 힘쓰세요.

평화는 단지 아무것도 하지 않고 조용히 있는 상태가 아니라 세상을 주도하는 것입니다. 전쟁의 시대를 살아가는 우리는 평화를 향한 목소리를 내야 합니다.

온 마음을 다하여

익숙해짐이 가져오는 가장 큰 위험은 무관심입니다.

이제 아무것도 우리를 놀라게 할 수 없고, 벌벌 떨게 할 수 없습니다. 기쁘게 할 수 없고, 때릴 수도 없으며 문제로 삼을 수도 없습니다.

우리는 쓰레기를 구하고 찾는 모든 나이대의 남녀를 보는 일에 익숙해져 있습니다. 길가 귀퉁이와 상점의 문턱에서 잠자고 있는 많은 노인, 겨울 동안 몸의 열을 조금이라도 올리려고 지하 철도의 창문 틀 위에 누워 있는 많은 소녀 말입니다.

이런 것에 익숙해질 때 바로 무관심이 찾아옵니다. 그들의 삶과 그들의 이야기와 그들의 미래는커녕 그들의 궁핍에 대해 우리는 관심을 가지지 않습니다. 그럼에도 불구하고 우리가 그 모습을 보고 싶어 하든 보고 싶어 하지 않든 간에, 이 모습은 우리를 둘러싸고 있으며 우리는 그 모습의 일부를 이루고 있습니다.

'선지자가 싸움에서 이기도록 하는 나팔'은 무관심의 악으로부터 이러한 익숙해진 마음을 깨우고 구출하게 됩니다. 모든 자녀를 매우 사랑한 하느님은 말씀하셨습니다.

"마음을 다하여 내게 돌아오너라."

때때로 서로 대립하고 하느님으로부터 멀리 떨어져 사는 우리가, 강제로가 아니라 마지못해서가 아니라 두려움 때문이 아니라 단지 '온 마음을 다하여' 그를 만나는 것이 바로 하느님의 소망입니다.

중요한 것은 우리가 하느님과 더욱 친밀해지기 위한 초대에 응하는 것입니다.

항상 '수행, 완수'만을 강조하는 경향을 지닌 우리에게 하는 사랑의 말씀입니다.

그래서 하느님은 우리에게 "그들의 옷이 아닌 그들의 마음을 찢어라."라고 계속해서 말씀하셨습니다. 우리의 행동, 우리의 고행, 우리의 희생은 마음으로부터 우러나올 때, 사랑을 표현할 때 비로소 가치가 있는 것입니다.

우리의 길에 있는 이정표 중 하나가 바로 단식입니다. 단식은 사랑으로부터 시작되어야 하며, 우리에게 더 큰 사랑을 가져다줍니다.

하느님이 원하시는 단식은 계속해서 '우리의 빵을 굶주린 자와 나누며, 외투 없는 가난한 자를 재워 주고, 아무것도 걸치지 않은 자에게 옷을 입혀 주며, 우리의 형제를 경시하지 않는 것' 등을 실천하는 일입니다.

연대 책임으로부터 단식하는 것. 오늘날에는 다른 이들이 굶게 하지 않기 위해 일하며 단식할 수 있습니다.

오늘날에는 약 수백만 명의 굶주리는 자들의 고통과 무력함을 떠맡고 단식을 시작할 수 있습니다.

가난한 자를 위해 단식하지 않는 자는 하느님을 속입니다. 단식은 사랑입니다. 우리는 가난한 자들이 어쩔 수 없이 단식하는 것을 막기 위해 자발적으로 단식해야 합니다. 아무도 단식할 필요가 없게 하기 위해 단식을 합시다.

본의 아니게 단식을 하는 자들과 연대하고자 하는 의미와, 먹는 것으로 배를 불리는 몇 사람과, 먹지 못한 배를 가지고 있는 다른 사람이 함께 있는 이 잔인한 세상에서 정의를 찾는 의미로 단식을 해야 합니다.

 누군가의 강요로 단식하는 것이 아닙니다. 우리에게 계속해서 삶을 주는 예수 그리스도로부터 받았던 사랑에 감사를 표현하려는 마음으로 하는 단식입니다.

사랑하는 사람의 얼굴을 보세요

예수님은 말보다 행동으로 답했습니다.

"가서 보고 들은 것을 그대로 요한에게 말해 주어라."

그렇다면 사신들은 무엇을 보고 들었을까요?

그들은 사람들을 보고 들었습니다.

예수님은 그들에게 사람들의 얼굴을 보게 했습니다. 치유를 받은 사람들이 안도하는 표정, 그의 말씀을 들었을 때 기뻐하는 얼굴, 시력을 되찾았을 때 놀란 눈, 제 발로 섰을 때 보여 준 당당한 시선.

저 얼굴들은 수없이 내뱉는 말보다 가치 있습니다.

그 사람들의 얼굴을 보고 누가 예수님이냐는 질문에 답할 수 있습니다.

우리는 예수님을 사랑하며, 예수님이 바로 자기 자신을 위로하시고 구원하신 장본인이라고 증언하는 사람들의 얼굴에서 예수님을 찾아 볼 수 있습니다. (아파레시다 문헌 14)

가난한 자들, 슬픔에 잠긴 자들, 질병에 걸린 자들의 얼굴에서 우리는 특별한 방법으로 예수님을 찾아볼 수 있습니다. 우리에게 신앙의 증거를 주는 사랑하는 형제들의 얼굴, 고통을 인내하는 얼굴, 삶을 계속 살아가기 위해 끊임없이 투쟁하는 얼굴들에서 말입니다. 극빈자와 고통받는 사람들이 우리를 전도한 적이 얼마나 많았습니까! (아파레시다 문헌 257)

기적은 우리가 고통받는 자들의 얼굴을 잘 살펴보기 위해 서로를 격려할 때 발생합니다.

그제야 예수님의 얼굴이 보이는 것입니다. 그래서 저는 여러분께 말씀드립니다. 고통받는 자들의 눈을 바라보는 것을 두려워하지 마십시오!

예수님의 얼굴을 보면 그가 여러분께 당신의 힘과 평온을 줄 것이며, 여러분이 다른 이들의 힘을 북돋워 주는 동시에 예수님 역시도 여러분의 힘을 북돋워 줄 것입니다. 하지만 예수님은 다른 이들과 함께 있으며, 그들의 얼굴을 가까이서 지켜보아야 합니다.

너희가 내 형제들인 이 가장 작은 이 가운데 한 사람에게 해 준 것이 바로 나에게 해 준 것이다. (마태오의 복음서 25장 40절)

파블로 성인이 말했듯이 우리가 그들의 얼굴을 보고 있으면, 우리의 마음은 예수님을 사랑하는 감정으로 가득 차게 됩니다.

우리는 기독교의 진리에 대한 목마름과 굶주림으로 정의와 빵, 그리고 일자리를 찾기 시작합니다.

왜냐하면 오늘날 우리가 직면한 세상은 매우 잔인하기 때문입니다.

첫째로 오늘날의 세상은 후에 사람들을 경시하고 잉여물을 대하는 것처럼 버릴 때 아무것도 느끼지 못하게 사람들의 얼굴을 지우며 제외해 버립니다. (아파레시다 문헌 65)

우리가 사는 도시에는 방과 면적을 가진 사람들이 있습니다. 또한 여분의 사람들이 있고, 존재하는 실제 덤프트럭 안에 버려진 것처럼 주변에 남겨진 사람들이 있습니다. 오늘날의 세상은 TV를 통해서만 사람들의 얼굴을 보면서 실제 얼굴들을 지워 버립니다. 그것은 같은 것이 아닙니다.

TV 속에는 수천 번 등장하는 이미지들만 있을 뿐입니다. 당신은 모든 것을 보지만 아무도 본 것이 아닙니다. 당신은 보기는 했지만 아무것도 느끼지 못합니다.

우리는 얼굴을 봐야 합니다. 우리가 얼굴을 볼 수 있도록 마르치아는 성인의 앞을 지나가야 합니다.

우리는 자신의 얼굴과 자녀들의 얼굴을 잠깐 동안 깊이 생각하길 원합니다.

그 얼굴들을 보기 위해 그저 몇 시간을 기다리며, 그들이 우리를 아주 잠시라도 봐주기를 원합니다.

이것은 아주 작은 일처럼 보일지도 모릅니다. 하지만 이런 감사함으로도 우리는 충분합니다.

이렇게 성령님과 우리의 수호성인에게 가까이 있음으로써 우리는 원기를 회복합니다.

우리는 당신의 얼굴을 바라보아야 합니다.

당신의 말씀들을 보존해야 하며,

당신의 말씀을 들을 때 말해야 하며,

눈을 바라본 채로 있어야 하며,

그리스도 당신에게 입 맞추어야 합니다.

당신의 어머니와 성인들과 고통받는 백성들의 특징을 당신 안에서 찾아야 합니다.

우리는 그리스도 당신의 얼굴을 보고 싶습니다.

친구이신 하느님,

길의 동반자이신 하느님,

아멘.

조건 없이 베푼다는 것

"조건 없이 받고, 조건 없이 베풀라."

복음에 나온 이 말씀이 우리의 마음속에 강하게 자리 잡기를 바랍니다.

우리는 교회가 전도를 통해서가 아니라 사람들을 끌어들이는 포섭과 고백을 통해 성장했다는 사실을 알아야 합니다.

그리스도인으로 귀의하는 것은 하느님이 베푸는 경이로운 사랑의 교의에 대한 감사의 대답이 되어야 할 것입니다.

하느님은 아들의 죽음과 부활을 통해 우리에게 믿음의 삶 속에서의 출생, 우리를 쇄신하고 건강하게 하는 용서, 그리스도의 애정을 우리 마음속에 설파하는 미사를 보여 주셨습니다.

믿음은 감사하는 마음을 불러일으키고 사랑을 결실로 주는 신의 은총입니다.

사랑은 어디에나 존재하며 대화 속에서도 그 존재를 드러냅니다. 사랑이 존재하지 않는 진정한 믿음이란 없습니다. 사랑이 관대하거나 구체적이지 않다면 그것은 그리스도인의 사랑이 아닙니다.

우리의 형제들은 착한 사마리아인이 그러했듯이 필요한 일들을 행할 때 그리스도교를 널리 알릴 수 있게 될 것입니다.

교육에 대하여

우리 선조들의 삶은 어떠했는지에 대해 이야기를 나누어 보겠습니다.

"대다수의 신도는 하나의 마음과 하나의 영혼을 가지고 있다."

위 문장은 그들이 조화롭게 잘 살아가고 있다는 것을 의미합니다.

초기의 공동체는 예수의 메시지를 잘 이해하고 있었습니다. 그 메시지는 그들을 성숙한 삶, 즉 조화로운 삶으로 인도했습니다.

비록 몇몇의 충돌은 있었지만 조화로운 상태를 지키기 위해 수많은 난관을 극복해 나갔습니다.

이러한 초기 공동체가 추구한 삶의 방식을 오늘날과 비교해 생각해 보았습니다. 그리고 '만약 우리의 교육이 우리를 믿는 모든 학생의 조화로움, 그 내면의 조화로움, 그들 성격의 조화로움 등을 이룩하는 길을 걸을 필요가 없다면.'이라는 생각을 했습니다.

어떻게 하면 그들이 조화로움을 배울 수 있을지 심혈을 기울이며 하느님을 본받아야 합니다.

교육을 통해 학생들의 삶을 형성하는 일을 돕는 작업을 해야 합니다. 그리고 어두운 부조화를 치유해야 합니다.

조화로움 자체는 아주 밝게 빛납니다. 그러므로 우리와 함께하는 마음의 조화는 반드시 이룩해야 합니다.

조화로움에는 두 가지 중요한 포인트가 있습니다.

한계와 경계 사이의 결합을 형성하는 것, 오직 한계에만 집중하는 교육은 인격을 지배하고 자유를 앗아 가고 사람들을 낙담시킵니다.

말 그대로 순수한 의미인 '한계'까지 교육할 수는 없습니다. 절대, 절대, 절대로 말입니다.

만약에 그리하면 아이들의 성장을 막을 것입니다. 성장하더라도 좋지 않은 방향으로 할 것입니다.

순수한 경계의 조화로움 역시 어떠한 지점 없이 미래를 향해 폭주하는 것에 불과합니다.

아이들이 받고 있는 가장 큰 채찍 중 하나인 상대적 실존주의는 조화가 아니고 그저 방향성을 상실하는 것으로 끝나는 교육이 될 것입니다.

저는 아무 관계없는 상대적인 실존주의를 볼 때면 이런 생각에 잠기곤 합니다.

'그냥 흘러가게 두자…… 결국은 같다…… 화덕에 있는 모든 것은 우리가 만나러 갈 것이다.'

자제력에 한계가 없고 미래를 향해 내던져진 이 아이들은 화덕 안에 있습니다! 바로 지금 말입니다!

화덕에 있는 아이들을 만나러 갑시다. 그리고 미래에 우리는 잘 자란 아이들을 화덕에서 만날 수 있을 것입니다.

조화로움을 다루는 것, 한계와 경계 사이에 있는 젊은이의 마음을 결합하는 것. 이 두 가지를 움직일 줄 아는 교육자는 아이들을 성장하게 합니다.

이 두 가지의 긴장 상태를 조종할 줄 아는 교육자는 아이들을 성숙하게 합니다. 이 두 지점 사이를 움직인다는 것은 아이들을 믿는다는 뜻이고 거대한 인류의 자료가 있음을 안다는 의미입니다.

우리는 이를 자극해야 합니다! 한계와 경계 사이에서 조화로움을 찾는 것이 우리가 직면한 과제입니다.

이 아이들은 우리 현세대를 받아들일 테지요. 그런데 과연 우리를 어떻게 받아들일까요?

그들의 내면은 충분한 조화로움을 가질 수 있을까요?

그들이 인생에서 선행하고 지혜의 길을 걸었던 것과 같이 우리를 받아들이기에 충분한 한계의 내적 뿌리와 경계에서 충분한 희망을 가질 수 있을까요?

아니면 그들은 그저 둘러앉아 우리를 사람들이 사는 집이 아닌 화물차 같아 보이는 악취가 진동하는 노인 병원에 둘까요?

이미 고착화된 화물차 같은 문화에 놓인 젊은이들을 우리가 구하는 방법은 무엇일까요?

지금, 우리의 주권을 빼앗겨도 괜찮으세요? 우리의 아이들에게 악취로 가득한 세상을 물려줘도 괜찮습니까?

술, 담배, 무절제에 점령당한 우리의 세상을 이대로 둬도 괜찮습니까?

우리를 받아들이게 될 아이들에게 깃발을 건넵시다.

여기서 깃발은 무엇을 의미할까요?

우리 아이들은 깃발을 받아들일 수 있을까요? 깃발이 신비하다는 이유로 아이들은 깃발을 게양할까요?

아니면 조화로움이 준비된 아이들이 깃발을 깃대 끝까지 높이 게양할까요?

우리는 오늘 이 주제로 기도할 것입니다. 조화로운 교육을 할 수 있도록 은총을 내려 달라는 기도입니다.

젊은이들에게 조화롭게 살 수 있는 방법을 알려 준다면 노예화, 식민화 그리고 자유를 뺏고 빼앗는 행위로부터 멀어질 수 있습니다.

사랑으로 인도하는 마음

어느 한 율법학사가 몇 사람이 모여 논쟁하는 것을 듣고 가까이 다가가 그들에게 물었습니다.

"계율 중 가장 으뜸은 무엇입니까?"

"가장 으뜸은 이것입니다. '이스라엘아 들으라, 우리 하느님 여호와는 오직 하나인 여호와시니, 너는 마음을 다하고, 성품을 다하고, 힘을 다하여 내 하느님 여호와를 사랑하라.' 둘째는, '너의 이웃을 너 자신과 같이 사랑하라, 이보다 더 큰 계율은 없다.'입니다."

그중에 있던 예수님이 대답했습니다.

"그렇군요, 선생님. '여호와는 오직 하나인 여호와시라.'는 말씀은 일리가 있는 것 같습니다. 마음을 다하고, 성품을 다하고, 힘을 다하여 하느님 여호와를 사랑해야 하고 우리 이웃도 사랑해야 한다는 것이 모든 제물과 모든 희생보다 훨씬 값진 것이군요."

율법학사는 이렇게 말했습니다.

예수님은 그가 정확히 답하는 것을 보며 이렇게 말했습니다.

"당신은 하느님의 왕국에 멀리 있지 않습니다."

그리고 아무도 감히 그에게 더 질문하지 못했습니다.

(마르코의 복음서 12장 28~34절)

나사렛의 스승에게 거의 동의하지 않는 경향이 있던 율법학사는 교리의 견고함을 시험해 보기 위해 더 지적인 호기심을 갖기 시작했습니다. 그 호기심은 놀라움을 불러일으켰습니다. 하느님의 심판을 알고 있던 동포를 발견했던 것입니다.

그 동포는 고귀한 마음을 지니고 있었습니다. 율법학사는 자신을 완전함으로 초대한 사람을 만났고, 그는 이렇게 말했습니다.

"당신은 하느님의 왕국과 멀리 떨어져 있지 않습니다."

사랑하는 것을 멈출 수 없는 오직 고귀한 마음만이 인연의 다리를 펼칠 수 있습니다. 오직 사랑만이 쉽게 신뢰할 수 있는 것입니다.

늘 사랑을 베푸는 성 테레사는 이렇게 말씀하셨습니다.

"우리를 사랑으로 인도하는 것은 믿음, 그리고 또 믿음뿐이다."

사랑은 모든 마음, 영혼, 정신, 힘을 요구합니다. 왜냐하면 예수님은 이스라엘의 현자들이 알고 있던 것처럼 누가 하느님을 사랑하는지, 누가 다른 사람들처럼 이를 행하는 것을 두려워하지 않는지 알고 있기 때문입니다.

비록 나약함과 한계로 가득 찼지만 그의 모든 것을 다해 하느님을 사랑하는 사람들은 어떤 영향이나 압력에서 자유롭게 벗어나 가볍게 날아오릅니다.

마음과 영혼을 다해 사랑하지 않는 자는 사색과 공포 사이에서 무겁게 질질 끌려가고 쉬지도 결과를 측정하지도 못한 채 끊임없이 쫓기고 위협을 느낄 것입니다.

희망하게 하소서

축복은 '좋게'와 '말하다'입니다

축복은 두 가지 단어로 이루어집니다. '좋게'와 '말하다'입니다.

이는 다른 사람에게 좋게 말해 주는 것입니다. 축복은 말일 뿐만 아니라 재능이기도 합니다.

진실을 좋게 말하는 것. 축복은 이 두 가지를 함께하는 것입니다.

축복은 '예쁜 말'이 아닙니다. 축복은 때로는 머리에 손을 얹고 이마에 십자가를 그리며 좋은 말을 주며 사랑으로 하는 말입니다.

축복은 사물을 변화시키고 우리로 하여금 깊은 뜻에 눈을 뜨이게 합니다.

한 사람이 빵을 축복할 때, 이것은 단지 먹는 것이 아니라 가족과 부엌이나 식당의 식탁 위에서 뿐만 아니라 성찬대 탁자 위에서도 빵이 그리스도의 몸으로 변할 때, 사랑으로 나누는 일의 결실이라는 것을 깨닫습니다.

축복은 다른 사람을 위한 소원으로 가득 차 있고, 미래를 위한 또 과거를 위한 소망으로 가득합니다. 미래와 받고 공유한 것에 대한 감사할 수 있는 좋은 소원으로 가득한 것 말입니다.

하느님의 말씀과 재능은 항상 함께 다닙니다. 반대되는 말을 하거나 거짓된 것을 줄 수도 있지만, 우리가 성령을 통한 축복을 하려 할 때에 성령은 상황을 지배하고 진실성의 증표를 줍니다.

따라서 축복의 손짓은 매우 아름답습니다. 우리 민족은 축복을 사랑합니다. 세례와 결혼반지와 같은 크고 오래가는 축복이 있고 또, 이렇게 불러도 된다면, 작은 축복은 물과 염주기도, 이미지나 판화상을 위해 하는 축복입니다.

축복은 공동체와 같이 우리의 삶에서 부족한 것을 채우는 어떤 것입니다. 우리에게 있는 좋은 것을 말해 주는 것입니다. 공동체에서 좋게 말해 주지 않는 것은 아마 우리의 취약한 부분일 것입니다.

왜냐하면 개인적인 사이이거나 친구 사이나 가족 간에 좋은 대화가 오가기 때문입니다.

반대로 대중과 나누는 대화는 힘들어합니다.

이 대화는 모두 앞에서, 모두를 위해, 공공에게 좋은 것을 말해 주는 대화입니다.

그뿐만 아니라 어른들이 준 것을 좋게 말하는 것도 부족합니다. 즉, 우리의 과거를 나쁘게 말하지 않고, 좋게 말하는 것이 어렵다는 말입니다.

과거에 죄와 부정의였던 것들 또한 용서와, 회개와 개선으로 축복받아야 합니다.

과거에 좋았던 것들은 인정과 우리가 영위하는 삶과 우리가 받은 이 땅을 가치 있게 하는 감사의 행동으로 축복받아야 합니다.

우리의 과거를 축복하는 것은 하느님과 우리 부모와, 조부모들을 축복하는 것과 같습니다. 아직 불완전하고 죄가 많으나 우리에게 주신 것을 감사하는 행위는 잘 태어났다는 것을 의미합니다.

받은 것은 많습니다. 과거를 나쁘게 말하는 행동은 분명히 현재나 미래에 다른 사람들을 위한 축복이 아닐 이익을 뽑아내려 하는 것입니다.

우리는 현재를 축복하는 것, 다른 몇 사람을 좋게 말하는 것이 부족합니다. 우리에게 아첨이 아니라, 축복을 통해 만들어지는 것, 연결되는 것, 나누어 좋은 것과 서로 다른 관점을 극복하고 긍정적으로 일반화된 것을 추구하는 것입니다.

우리에게는 또한 미래를 축복하는 것, 직장에서 다른 사람을 축복하는 것이 부족합니다.

하지만 이 결실은 우리의 것이 아니라 우리 자녀의 것이 될 것입니다.

이것이 바로 멀리서부터 약속을 환영하고 예수의 하루를 생각하며 기뻐했던 우리의 아버지 아브라함이 했던 것입니다.

예수님은 오래된 모든 축복에 집중하고 새로운 축복의 다리가 될 성자입니다.

인간의 존엄성

만약에 한 인간이나 한 마을이 어느 한 사람의 존엄성을 돌보고 키운다면, 그에게 일어나는 모든 일과, 그가 만드는 모든 것, 심지어 병에 걸리거나 고통받는 것까지 의미가 있습니다.

반대로, 어느 누가 혹은 마을이 그의 존엄성을 팔거나, 존엄성이 무너지게 둔다면, 모든 나머지 일관성을 잃는 것들은 더 이상 가치가 없습니다. 존엄성은 완벽한 것들에서 이야기됩니다.

왜냐하면 존엄성이라는 것은 누군가 혹은 무엇인가 그 자체로 가치 있으며, 그의 역할과 기능에서 다른 것들보다 더 나아가는 것을 의미하기 때문입니다.

사람들의 존엄성, 각 개인의 존엄성에 대해 얘기해 보자면,

인간의 육체적인 삶이 매우 약한 시작이거나 작은 촛불처럼 꺼져 버리기 직전에 있다는 사실에서 더 나아가는 것입니다. 그래서 전 시대의, 삶 전체의 인간의 존엄성에 대해 말합니다.

사람은 약하면 약할수록 또 그 삶의 조건이 상처받기 쉬울수록 더 귀중하게 인정받아 마땅한 존엄한 존재입니다.

또한 도움받고 사랑받고 보호받고 그의 존엄에 더욱 영향을 받아야 합니다. 그리고 이것은 타협할 수 없습니다.

완벽한 가치를 지니는 존엄은 사람처럼, 생명과 함께 하느님께서 우리에게 주셨습니다. 우리가 하느님께 존엄을 달라고 구한 것이 아닙니다. 이미 예수 그리스도의 피로 존엄한 존재가 되었기 때문입니다.

인간의 존엄성은 완벽한 삶과 같습니다. 따라서 우리는 이 존엄성을 가족, 평화, 일과 하나된 것으로 느낍니다.

가족은 한 사람이 자각하고 자신의 존엄을 가치 있게 하기 위해 필요한 조건입니다. 가족에서 삶이 왔고 우리를 우리 자신으로 가치 있는 존재로 만들었습니다. 가족 안에서 우리는 우리 자신으로 사랑받고, 우리의 행복과 개인적 사명이 모든 관심을 넘어 가치 있게 평가됩니다.

그 자신만으로 존엄을 인정하는 가족 없이는, 사회는 제한된 상황에서 이 가치를 '품을' 수 없습니다. 하나의 엄마와 아빠만이 기쁘게 자랑스럽게 책임감을 가지고 말할 수 있습니다.

우리는 부모가 되고 우리의 아이를 가집니다. 학문은 이를 밖에서 바라보고 사람에 대해 논문을 씁니다. 그의 존엄에 대해서 안에서 시작되지 않는 연구를 합니다. 반대로 기독교의 시선은 사물의 중심을 봅니다.

평화도 역시 존엄을 형성합니다. 그 이유는 하나가 되는 것은 대립을 넘어선다는 의미이기 때문입니다.

긴장되고 문제가 많은 인생의 여러 상황에서도 평화를 유지하는 것은 상황과 사물에 대해 사람에게 내기를 하는 것과 같습니다.

오직 다른 이의 영원한 존엄을 인정한 사람만이 생명을 빼앗는 대신, 줄 수 있는 능력을 지닌 사람입니다. 이것이 예수님의 복음이며 인간의 존엄성에 대한 좋은 소식입니다.

우리는 하느님의 눈에 매우 가치 있는 존재라서 그분은 우리를 그의 자식에게 보냈습니다. 그의 생명을 우리의 것과 바꾸었습니다. 그래서 우리는 하느님을 축복합니다.

우리는 하느님께서 우리를 그리스도 안에서 그의 자식들로 만드셨고, 우리의 대가로 그의 피를 흘려 우리를 구했고, 우리와 하느님은 완전하고 타협할 수 없으며 침범할 수 없는 존엄의 다리가 되는 영속의 관계에 있기에 하느님을 축복합니다.

만약 죄가 하느님께서 창조하신 인간의 형상을 망가트리고 상황을 손상시켰다면, 그리스도 예수이신 새로운 선인은 인간을 구하고 은혜 안으로 다시 되돌렸을 것입니다.

일은 '존엄과 인간의 자유를 보장'하는 '모든 사회 문제의 핵심 열쇠'입니다. 일은 우리가 인간이 되며, 인생을 살 수 있게 하고, 우리를 존엄하게 유지하며 우리 가족을 지탱합니다.

한 사회가 부의 분배를 일에 기초하지 않고 뇌물이나 특권에 기초하면, 존엄이 의미를 잃고 순식간에 부의 분배는 부당하게 되고 사람들은 노예나 고객으로 변해 버립니다.

성모 마리아처럼

"성모님, 당신의 시선은 우리에게 새로운 희망을 줍니다."

우리는 이렇게 길을 죽 걸어올 동안 저 말을 반복했습니다. 성모님은 그녀의 시선으로 우리를 예수님이 제자에게 "거기에 너의 어머니가 있다."라고 말씀할 때 약속했던 것처럼 우리 모두를 바라봅니다.

우리에게도 말씀하십니다.

"거기에 너의 어머니가 있다."

지치고 도움이 필요한 삶의 길을 걷지만 희망의 빛이 꺼지지 않기를 바랐던 자식들에게 마음을 쓰는 성모님이십니다.

희망의 빛이 꺼지지 않는 것이 바로 우리가 원하는 바입니다. 그래서 우리는 당신에게 말씀드립니다.

우리의 성모님이여, 보십시오. 이 순례자 민족들을 바라보십시오.

성모님에게 사랑을 받고, 오는 길에 많은 소음과 대화와 방심이 있었을지라도 마음속으로 묵례를 하며 루한까지 온 인내심 많은 민족을 보십시오.

다른 형제들의 삶을 지고 온 연대하는 민족들이며 그 고요한 마음속에는 다른 형제들의 삶을 지니고 있습니다.

기도서의 봉납물을 가지고 성모님의 형상 앞에 그것을 놓으려고 길을 걸어온 민족은, 그렇게 가까이에 그것을 놓는 선한 행동을 했습니다.

눈은 신앙과 믿음의 시선 안에서 혼란스러워했고, 눈물을 머금은 눈으로 우리 성모님께서는 봉헌대 앞에서 감동한 후에 어머니의 집에서 이제 곧 그들의 집으로, 일터로, 가족들에게로 돌아가려고 쉬고 자고 있는 자식들을 바라보았습니다.

성모님과 만나는 순간까지는 시간이 오래 걸리고, 눈코 뜰

새 없었습니다.

성모님께서 사랑하는 당신의 자녀가 당신의 고요한 눈으로 우리를 바라본 것을 알 때, 우리는 자식처럼 형제처럼 함께 있고 싶다는 소망이 솟아나게 됩니다.

우리는 더 많은 형제가 있다는 사실을 발견하기 위해 여기 곧잘 옵니다.

소망을 강화합시다. 우리는 당신에게 그 희망을 새롭게 하기를 요구하며, 그토록 대단한 삶의 가치를 잃고 싶지 않으며 여기에 새롭게 하러 왔습니다. 고로 당신에게 새롭게 해 달라고 요구하는 바입니다.

우리는 당신이 우리를 혼란스럽게 만드는 모든 것을 마음 속에서 지울 수 있게 우리를 도와주기를 바랍니다.

성모님의 자녀가 되고 우리 서로 간에 형제가 되는 것. 우리가 희망을 빼앗기지 않도록 우리를 시선으로 지켜 주신 성모님. 성모님은 우리 모두를 예외 없이 바라봐 주십니다. 하지만 오래전부터 성모님께서는 가장 가난한 자들에게 신경을 쓰셨습니다.

그 자녀들은 모두 이름이 있습니다. 성모님의 자녀들입니다. 성모님, 이렇게 많이 버려진 당신의 자녀를 보십시오. 그들을 보시고 희망으로 마음을 강하게 해 주소서.

성모님, 희망을 튼튼하게 해 주십시오. 우리가 희망을 빼앗기지 않도록 해 주십시오. 사랑하는 성모님, 우리의 손을 놓지 마십시오. 모두가 성모님의 민족이 될 수 있기를 바랍니다.

우리의 손을 놓지 마십시오. 당신에게 걸어온 당신의 자녀들을 보십시오. 그들을 보고, 그들과 함께 동행해 주십시오. 당신의 자녀가 이 형제의 조국을 함께 건설할 수 있도록, 걸음을 잇도록 도와주십시오.

우리 모두는 성모님의 손안에 있습니다. 우리가 희망을 빼앗기지 않도록 해 주십시오! 성모님의 시선이 우리의 희망을 새롭게 하기를.

모두 함께 외칩시다.

"어머니, 당신의 시선은 우리의 희망을 새롭게 합니다."

"어머니, 당신의 시선은 우리의 희망을 새롭게 합니다."

"어머니, 당신의 시선은 우리의 희망을 새롭게 합니다."

희망하게 하소서

우리는 단결이 중재하는 것에 신경 쓴다는 사실을 알고 있습니다. 인정을 베풀어 취약한 곳에 신비로운 변화가 나타나는 소소한 내역에 주의를 기울일 때 희망은 훌륭한 중재자가 됩니다.

이러한 내역을 신경 쓰는 좋은 중재자가 존재할 때 단결이 깨지지 않습니다. 예수님은 이 내역을 신경 쓰셨습니다.

한 어린양이 없다는 것

와인이 닳고 있다는 것

자신의 동전 두 닢을 줬던 과부

큰 빚을 탕감받은 뒤 작은 빚도 갚지 못한 것

언제 올 지 모르는 애인을 위해 등불 밝힐 기름을 준비하는 것

몇 개의 빵을 가지고 있을지 정하는 것

제자들이 새벽이 오기를 기다리는 동안 불을 피우고 그물로 물고기를 잡은 것

친구로서 진짜 하고 싶었던 중요한 것에 대해 베드로에게 질문한 것

상처를 치료받기 원하지 않았던 것

이 소소한 내역은 단결을 통해 모으고 있던 희망을 돌보기 위한 예수님의 종교적 행동들입니다.

희망은 아무것도 부족해 하지 않습니다. 기쁨이 멈추지 않고 새로우며 풍족합니다.

희망은 하느님이 우리의 깊은 사랑의 행동을 정답게 보는 것입니다.

용서가 전염병처럼 퍼져 나갑니다.

희망은 작은 불빛이 성대한 축제의 광채가 되도록 돌보는 것입니다.

희망은 모두가 먹을 수 있는 만큼 빵이 생기는 것입니다.

희망은 언제나 다른 가장자리에 있습니다.

우리가 하느님의 친구가 되는 것이 그에게 가장 중요한 것이고, 그것이야말로 희망입니다.

너무 아픈 희망은 잊히기 마련입니다.

천국에 도착한 사람들에게 한 명 한 명 키스하는 하느님과 사람들이 겸허하고 기쁨에 가득 찬 영광의 흔적이 되는 것이 바로 희망입니다.

예수님의 어머니, 사제들의 어머니 성모 마리아께 간청합니다. 우리에게 전해졌던 "하느님에게 불가능한 것이란 없다."라는 말을 기억하게 하시고 깨지기 쉬운 희망으로부터 우리를 지켜 주옵소서.

상대방의 마음을 여세요

공감하고 진지하게 수용하는 자세로 상대방의 마음을 열 수 없다면 진정한 대화란 있을 수 없습니다.

자신의 정체성을 명확히 의식하고 다른 이와 공감하는 것이야말로 모든 대화의 출발점입니다.

대화는 우리 교회 사명의 본질적인 부분입니다. 많은 다양한 문화가 생겨난 이 광활한 대륙에서 교회는 유연성과 창의성을 발휘하여 대화와 열린 마음으로 복음을 증언하라는 요청을 받고 있습니다.

다른 이들, 다른 문화와 대화를 시도할 때 출발점과 근본 기준은 그리스도인이라는 우리의 정체성입니다.

우리의 정체성을 의식하지 않는다면 진정한 대화를 나눌 수 없습니다.

우리의 대화가 독백이 되지 않으려면 생각과 마음을 열어 다른 사람, 다른 문화를 받아들여야만 합니다.

우리는 다양한 방식으로 나타나는 세속 정신에 유혹을 받기 때문에 정체성을 확립하고 표현한다는 것이 언제나 쉬운 일만은 아닙니다.

첫 번째 유혹은 상대주의라는 거짓된 빛입니다.

여기서 말하는 상대주의는 단순한 하나의 사고 체계가 아니라 우리도 알지 못하는 사이에 정체성을 무너뜨리는, 매일 맞이하는 일상에서 실천되는 상대주의입니다. 이 상대주의는 진리의 빛을 흐리게 하고, 우리의 발이 딛고 선 땅을 뒤흔들며, 혼란과 절망이라는 종잡을 수 없는 상황 속으로 우리를 밀어 넣습니다.

세상이 그리스도의 정체성을 위협하는 두 번째 방식은 피상성입니다.

피상성은 무엇이 옳은지 분별하기보다는 최신 유행하는 기기, 오락 등에 빠지는 경향을 말합니다.

이는 성직자들의 사목 활동과 그 이론에도 영향을 미쳐 신자들과의 만남을 가로막고, 특히 탄탄한 교리 교육과 건전한 영성 지도가 필요한 청년들과의 직접적이고 유익한 만남을 방해할 수 있습니다.

세 번째 유혹으로는 쉬운 해결책, 이미 가지고 있는 공식, 규칙과 규정들 뒤에 숨어 확실한 안전을 택하려는 경향입니다.

진정한 대화에는 그리스도인이라는 분명한 정체성과 함께 공감할 수 있는 능력도 요구됩니다.

다른 이들이 하는 말을 듣는 행위만이 아니라 말로 하지는 않지만 전달되는 그들의 경험, 희망, 소망, 고난, 걱정도 들을 수 있어야 합니다.

진정한 대화는 마음과 마음이 소통하는 진정한 만남을 이끌어 냅니다.

다른 이의 지혜로 우리 자신이 풍성해지며 마음을 열고 다른 이들과 함께 더 큰 이해와 우정, 연대로 나아갈 수 있게 됩니다.

다른 이에 대한 열린 마음으로 아직 성좌와 완전한 관계를 맺지 않고 있는 아시아 대륙의 몇몇 국가들이 모두의 이익을 위하여 주저 없이 대화를 추진해 나가기를 희망합니다.

결혼은 함께 짓는 집

사랑하는 젊은이들이여!

결혼을 두려워하지 마십시오. 충실하고 결실이 있는 결혼은 여러분을 행복으로 이끌 것입니다.

집은 혼자가 아니라 함께 짓는 것입니다. 여러분은 모래 위에 임시 거처를 짓는 것이 아니라 사랑이라는 단단한 바위 위에 집을 지어야 합니다.

모든 문제가 해결됐을 때 결혼하는 것이 아니라 문제를 함께 풀어내야 할 때 결혼해야 합니다.

우리 젊은이들은 자신의 삶 전체에 영향을 준다는 점에서 결혼을 두려워할 수 있지만, 사랑이 지속되는 한 배우자와 함께 성장할 수 있음을 기억해야 합니다.

우리는 현대를 지배하고 있는 '일회용 소비문화'에 지배당

해서는 안 됩니다. 우리는 서로를 위해 매일매일 자신을 돌보고 상대방을 사랑하게 해 달라고 기도해야 합니다.

함께 살아가는 기술은 간단히 세 마디로 정리할 수 있습니다. 그것은 "부탁해요." "감사합니다." "미안합니다."입니다. 이러한 마음 자세를 가지면 함께 영원히 살아갈 수 있는 '기술'을 습득하게 됩니다.

"부탁해요."라는 말은 다른 사람을 존경하고 보살피는 심정으로 삶을 시작하는 능력을 뜻합니다. 진정한 사랑은 공격적이거나 딱딱하지 않습니다.

"감사합니다."는 현대 사회에서 가장 중요한 말입니다. 고마운 마음을 전하지요. 우리 자신이 항상 감사하는 마음을 가지면 부부간에도 영원한 기쁨을 가지고 살아갈 수 있습니다.

"미안합니다."는 우리의 실수나 잘못으로 누군가가 피해를 입었을 때 하는 말입니다. 우리는 일상생활을 하면서 많은 실수를 저지르기 마련입니다. 누구나 다 실수를 합니다. 하지만 왜 우리가 "미안합니다."라는 말을 해야 하는지를 생각해 볼 필요가 있습니다.

일반적으로 우리는 다른 사람들을 비난하거나 책망을 많

이 하는데 이는 큰 재앙의 근원입니다. 우리의 실수나 잘못에 대해 주저 없이 "미안합니다. 사과드립니다."라는 말을 사용할 줄 알아야 합니다.

무엇보다 우리가 알아야 할 사실은 완벽한 가정은 존재하지 않는다는 점입니다. 완벽한 남편, 완전한 아내는 존재하지 않는다는 사실을 인지해야 합니다. 우리 모두가 죄인이라고 인식하고 용서를 빌 줄 알아야 합니다.

결혼은 모두의 축복과 기쁨 아래 축하받을 일입니다. 외적인 면, 즉 연회의 크고 작음, 화려하거나 그렇지 못함, 드레스의 좋고 나쁨 같은 외적 환경이 아니라 냉정한 마음 자세가 중요합니다. 그래야 결혼하는 데 확신이 설 것입니다.

주님, 저를 당신의 도구로 써 주소서

어느 날 저녁, 프란치스코의 문을 두드리는 사람이 있었습니다. 프란치스코가 나가 보니 한 험상궂은 나병 환자가 서 있었습니다. 그는 몹시 추우니 잠시 방에서 몸을 녹이면 안 되겠느냐고 간청했습니다.

프란치스코는 그의 손을 잡고 방으로 안내해 같은 식탁에서 함께 저녁을 먹었습니다. 밤이 깊어지자 그 환자는 프란치스코에게 너무 추우니 알몸으로 자신을 녹여 달라고 부탁했습니다. 프란치스코는 입었던 옷을 모두 벗고 자신의 체온으로 그의 몸을 녹여 주었습니다.

이튿날 아침, 프란치스코가 일어나 보니 그 환자는 온데간데없었습니다. 그뿐만 아니라 왔다 간 흔적조차 없었습니다.

프란치스코는 곧 모든 것을 깨닫고 자신과 같이 비천한 사람을 찾아 준 하느님께 감사 기도를 올렸습니다. 이 기도가 바로 전 세계인이 가장 사랑하는 그 유명한 〈성 프란치스코의 평화의 기도〉입니다.

주님, 저를 당신의 도구로 써 주소서.
미움이 있는 곳에 사랑을,
다툼이 있는 곳에 용서를,
분열이 있는 곳에 일치를,
의혹이 있는 곳에 신앙을,
그릇됨이 있는 곳에 진리를,
절망이 있는 곳에 희망을,
어두움에 빛을,
슬픔이 있는 곳에 기쁨을
가져오는 자 되게 하소서.
위로받기보다는 위로하고
이해받기보다는 이해하며,
사랑받기보다는 사랑하게 하여 주소서.
우리는 줌으로써 받고,

용서함으로써 용서받으며,

자신을 버리고 죽음으로써

영생을 얻기 때문입니다.

부활절

 선량한 여성 몇 명이 일찍이 떠나신 예수님의 몸에 기름을 바르러 가기 위해 일어났습니다.

 그녀들은 예수님을 무척 사랑했습니다.

 그녀들은 예수님은 떠났고 모든 것이 끝났으며, 역사와 뛰어난 환상 역시 끝났다고 확신했습니다.

 삶을 마주 보고 우리가 할 수 있는 것처럼 계속해라, 했지만 사랑은 그녀를 모든 것의 끝에 데려다 놓았습니다. 그리고 그녀들은 죽은 예수님의 관을 여는 것에 대하여 우려했습니다.

 그곳에는 관의 문짝을 덮기 위해 회전되는 둥근 바위가 있었습니다. 바로 그 바위 때문에 그녀들은 계속해서 걱정하며 이야기했습니다.

"누가 이 돌을 옮길 수 있겠어?"

복음서에서 말하는 것을 들어 보면 그것은 아주 거대한 바위였습니다.

우리가 알고 있는 나머지 것들은 옮겨진 바위를 보고 예수님이 살아 계신다는 천사의 소식을 들은 후에, 무섭고 겁나서 아무에게도, 그 어떤 말도 하지 않고 벌벌 떨며 달려갔다는 이야기입니다.

저는 오늘 여기서 하느님의 백성인 유대 민족의 구원 역사를 낭독함과 함께 우리가 회상하고 있는 역사적 세기의 복음서 내용을 들었을 때 생각했습니다.

모든 역사의 그 세기는 아무도 움직이지 못할 것 같아 보이는 돌 앞에서 부서지고 산산조각이 납니다. 선지자와 꿈과 희망의 약속은 내동댕이쳐지며 그곳에서 끝나 버립니다.

저는 역사의 세기 중 우리는 우리의 삶을 보낼 수 있다고 생각했습니다. 우리의 삶 말입니다.

우리 모두는 우리의 역사를 가지고 있습니다.

세기의 역사는 아니지만 수십 년의 역사입니다. 우리는

하느님의 찬부 양론과 선악과 함께 우리의 삶을 가지고 있습니다.

그리고 우리 모두는 예수님을 향한 깊은 신앙을 가지고 있습니다.

하지만 저는 묻습니다. 몇 번이나 우리의 그리스도교적인 삶, 우리가 예수님을 따르는 삶이 누가 우리에게 돌 하나를 옮겨 줄 것인가를 걱정하는 것뿐이겠습니까?

그렇게 우리는 삶을 보내고 있습니다. 그것이 가능하든 가능하지 않든, 내가 더 좋아질 수 있든 최고가 될 수 있든, 또는 이 문제를 정리할 수 있든 다른 어떤 문제를 정리할 수 있든, 항상 돌 하나를 직면하고 있습니다.

저는 제가 그 돌을 옮기지 못할 것이라는 사실을 깨달았습니다!

그 사실은 우리를 구속하고, 우리에게 자유를 빼앗고, 우리가 혼자 일어날 수 없게 만듭니다. 우리가 우리 자신이 될 수 없도록 하는 것입니다! 그리고 입찬소리입니다만 그 이름은 우리에게 '낙서'를 할 것입니다.

오랜 시간 동안, 여러 날 동안, 여러 주 동안, 여러 달 동안 그리고 여러 해 동안 누가 나에게 돌을 옮겨 줄 것인지를 생각했지만 실패였습니다.

"이 돌이 옮겨진 것을 보아라, 너의 옆에 그가 살아 계신 것을, 네가 찾고 있는 것을 보아라."

우리가 이 말씀을 들을 때, 두려움은 우리에게 덮쳐 오고, 우리는 허둥지둥하게 됩니다.

우리는 누가 우리에게 돌을 옮겨 줄 것인가에 대해 우리가 심사숙고하는 확신을 선호합니다. 우리는 우리 곁에 주님이 살아 계시다는 불확실함을 선호합니다.

매 순간마다 새롭고 담대하며 창의적인 것을 우리에게 떠올리게 하는, 우리에게 부활한 삶을 주는 주님 말입니다.

오늘날, 이 여인들의 심사숙고는 우리에게 우리 삶에 대해 심사숙고하고 있는지 묻고 있습니다. 또한 우리에게 아무도 없는 곳에서 돌이 이미 움직였다는 사실에 확신하고 있는지 묻고 있습니다.

"그렇습니다, 주님. 우리는 모두 믿고 있습니다."

만약 확신하고 있다면 저에게 말해 보십시오. 왜 당신에게 곤란을 해결해 줄 누군가를 생각하느라 시간을 잃었습니까?

이미 당신은 살아 계신 하느님을 옆에 두고 있습니다! 부활하신 하느님 말입니다.

그분은 살아 계십니다. 그분은 우리와 함께 계십니다.

어려움의 돌을 누가 당신을 위해 옮겨 줄 것인지 생각하며 슬퍼하는 대신에, 하느님과의 만남에 놀라움을 느끼십시오. 그 놀라움은 당신을 바꿀 것이고, 그 놀라움은 당신 삶을 바꿀 것입니다.

오늘 저녁 우리는 예수님께 구합니다. 각각, 여기 있는 모두가 구합니다.

"하느님, 당신과의 만남에 놀라움을 느끼고, 이러쿵저러쿵 하는 부수적인 문제에 삶이 얽히게 하지 않으며, 할 수 있는 때에도 할 수 없는 때에도, 나의 옆에 살아 계신 부활한 하느님을 알게 되는 것에 기쁨과 감탄, 즐거움과 놀람을 느끼게 해 주십시오, 이것은 거짓이 아닙니다."

우리에게는 두 가지 길이 남아 있습니다. 무덤을 덮은 돌에 대해 믿고 누가 그 돌을 옮길 것인지 우리 자신에게 묻는 것이나, 예수님이 이미 무덤 밖으로 나왔고 우리와 동행하고 계시다는 사실을 믿는 것이지요.

우리가 오늘 축하하는 것은 바로 이 두 번째 길입니다.

주님은 살아 계십니다. 우리는 주님을 만나길 바랍니다. 우리가 우리의 삶을 바꿀 수 있게 주님과 계속 만나기를 바랍니다.

진정한 만남

1. 성당의 어스름 아래서 우리는 길의 경계를 따라 걸어왔습니다. 하느님께서는 한 지역을 선택하셨고, 그곳을 향해 길을 놓으셨습니다. 시작은 아브라함과 함께했습니다.

"그대의 고향을 등지고, 그대의 부모님의 집을 떠나라, 그리고 내가 그대에게 보여 주고자 하는 나라로 떠나라. 그리하면 내가 그대의 나라가 되어 줄 것이다."

아브라함은 길을 떠나, 약속에 닿게 되는 길에, 역사가 된 그 길에 있는 사람들의 아버지가 되었습니다.

우리도 지금껏 시공간을 넘나드는 역사, 살아 계시는 예수 그리스도, 죽음에서 승리한 자, 부활을 넘어선 순례의 역사, 실제로 이루어진 약속에 대한 역사를 들으며 부활초에 집중한 채로 순례를 하곤 했습니다.

당신의 생애는 순례의 길이었습니다. 하느님 또한 순례의 길을 걷고자 했으며, 인간에 대해 성찰하고자 했으며, 그리고 인간이 되었습니다.

오늘 저녁 우리는 두 번의 순례의 길을 돌아보았습니다. 하나는 민중이, 인간이 하느님께 닿고자 하는 길이었고, 또 하나는 하느님께서 인간에게 닿고자 하는 길이었습니다.

두 개의 순례 길 모두 서로를 만나기 위한 길이었습니다.

인간의 마음속에 자리한 하느님을 향한 염원은 하느님께서 아브라함에게 하신 약속과 같은 하느님의 염원이고, 이러한 하느님 염원은 우리를 향한 넘치는 하느님의 사랑입니다.

이번 부활 성야를 앞두고 이 염원이 오늘 이곳에서 만나게 되어 예수 그리스도 부활의 모습으로 인간에 대한 탐색과 번민과 염원, 그리고 사랑에 대한 답을 내어 주었습니다.

부활한 그리스도는 서로 통해 있는 이 두 개의 순례 길 어디에나 계십니다. 이것이 바로 만남의 밤이며, 이 만남이 진정한 '만남'입니다.

2. 우리가 방금 들었던 그 복음이 승리의 예수 그리스도가

여성들과 마주하게 된 일을 어떻게 묘사했는지 주의를 기울여 주십시오. 그 누구도 평안하지 않습니다.

모두가 움직이고 있었으며, 길을 걷고 있었습니다.

모두가 여자들이 떠나 버린 것에 대해 이야기했으며, 땅이 격렬하게 요동치는 것에 대해 이야기했습니다.

천사가 하늘에서 내려와 바위를 쓰러뜨렸고 경비병들은 두려움에 떨었습니다. 뒷날, 당신께서 갈릴리아로 가시겠다고 했으며, 모두가 갈릴리아로 갈 것을 청했습니다.

여성들은 두려움과 기쁨의 혼돈, 즉 요동치는 가슴을 안고 그 초대에 응하기 위해 그곳에서 벗어나 신속하게 달려 나왔습니다.

그 여성들은 예수님을 만나게 되었고, 예수님께 다가갔으며, 예수님의 발을 감싸 안았습니다. 예수 그리스도를 향한 여성들의 이러한 움직임은 여성들을 향한 예수 그리스도의 움직임이었습니다. 이 움직임을 통해 여성들과 예수님께서 만나게 되었습니다.

3. 복음은 2,000년 전에 일어났던 역사 속 저 멀리에 국한

되는 일이 아닙니다. 복음은 지금도 우리가 하느님께 다가가고자 할 때마다, 하느님께서 우리에게 오시고자 할 때마다 현실에서 일어나는 일입니다.

복음은 만남이 일어나는 것을 포착합니다. 승리의 만남은 당신의 민중을 아끼는 신실한 하느님과 우리의 만남입니다.

우리는 죄인이지만 사랑을 갈구하는 자들이며, 성찰을 원하는 자들이기에 순례의 길을 걷는 일을 기꺼이 받아들였습니다.

우리는 하느님을 만나기 위해 길을 걷고자 하며 하느님께서 우리를 찾으러 오실 수 있게 하고자 합니다.

현실적이고 일시적인 이 찰나에 우리는 그 여자들이 느꼈던 두려움과 기쁨의 감정을 동시에 경험하게 됩니다. 우리는 우리의 간절한 청을 들어주며, 언제나 "그대들은 여기 남게."라는 말씀 대신에 "그대들도 함께 가세."라고 말씀하시는 예수 그리스도를 만나는 놀라움을 경험합니다.

그 만남을 통해 우리는 한곳으로 흘러들며, 우리의 정체성은 더욱 확고해지고 우리는 다시 부름을 받습니다.

우리는 만남을 통한 또 다른 만남을 위해서 다시 순례의 길을 걷게 되며, 이러한 과정을 겪으며 우리는 결국 최종적인 만남에 이르게 됩니다.

마음을 어루만져 줄 천사

어렴풋이 밝혀지는 빛 속에서 우리의 시선은 부활초에 예수 그리스도에게 현실에 동시에 희망에 머물렀으며, 현실이 될 오늘의 만남과 최종적으로 하느님을 마주하게 될 위대한 만남에 대한 희망에 머물렀습니다.

우리는 엇갈리는 문화 속에서 살아가는 것에 익숙해져 있었으며, 우리의 열정에 물들어 있었고, 삶의 방향을 잃는 것에 담담해져 있었습니다.

살아가며 마주하게 되는 증오와 갈등은 우리가 우리의 형제애를 잊게 만들었으며 서로에게서 멀어지게 했습니다. 또한 일상에서 매일 어디에서나 마주치던 메마른 개인주의는 우리가 그 속에서 굳어지게 했습니다.

그날 아침, 그 여성들은 가슴 아픈 엇갈림의 희생양이었습니다. 그녀들은 예수님을 빼앗겼습니다. 그들은 죽은 예수 그리스도의 관 앞에서 고독함과 맞닥뜨렸습니다.

현재 우리의 도시와 이 세계에 팽배한 이교도 문화에 대한 제안은 예수 그리스도의 관이 된, 우리의 절망스러운 죽음, 그리고 메마른 이기주의 환영의 길이 끝나면 우리가 홀로이기를, 조용하기를 원합니다.

오늘 우리는 이 땅이 격렬하게 흔들리더라도, 천사가 우리의 마음에 돌을 던져 그 돌이 우리의 길을 방해하더라도, 천둥 번개가 친다고 하더라도, 우리의 마음을 어루만져 줄 하느님의 힘을 필요로 합니다.

오늘 우리는 우리의 영혼이 구원받기를 갈망합니다, 또한 오랫동안 형성되어 이미 이곳에 팽배한 정숙주의의 우상으로 숭배하는 것은 제대로 된 생애를 사는 것이 아님을 깨달을 수 있기를 바랍니다.

이미 수차례의 좌절에서 구원되었던 우리는 오늘 하느님을 다시 만나게 될 것이고, 하느님께서는 다시 순례의 길을 걸으시며, 우리에게 "두려워하지 마라."라고 말씀하실 것이고, 우리는 초심의 사랑으로 갈릴리아로 돌아갈 것입니다.

우리는 우리의 아브라함께서 시작했던 그 길, 바로 이 부활초가 우리에게 비추는 그 길을 다시 걸어야 합니다.

오늘 우리는 하느님을 만나야 합니다. 우리는 하느님을 만나게 될 것이며, 하느님께서도 우리를 발견하실 것입니다.

보이는 것이 전부가 아닙니다

가족의 소중함

 가족은 인간의 삶에 있어서 개인적인 것이 아니라 개인-사회, 자연의 중심입니다. 그러므로 개인과 사회 사이의 모든 대립은 거짓입니다.

 왜냐하면 이 둘 중에 하나가 존재하지 않는다면 다른 것도 존재할 수 없기 때문입니다.

 단지 개인적인 이익과 사회적인 이익 사이 혹은 전체적인 이익과 광범위한 이익과 개인적인 이익 사이의 반목이 존재할 뿐입니다.

 교회는 가족이 그들의 깊은 가치를 증진시키도록, 그리고 그들에게 어려움이 닥치거나 그들이 과소평가되었을 때 지지해 주기 위해 인간 개인의 그리고 사회적인 삶의 기초인

가족에 대해 깊이 묵상합니다.

교회는 모든 사회와 문화를 위해 결혼에 기초를 둔 가정인 현대의 지성을 증명하려고 노력합니다. 또한 이 가정은 안정과 수태 능력이라는 두 가지의 필수적인 가치를 지니고 있습니다.

부성, 모성, 부자 관계, 형제애 등에 기인한 역할은 모든 사회의 기초를 구성합니다. 그래서 이들이 부재한 모든 사회는 견고함을 잃고 무질서하게 변화할 것입니다.

우리에게 가족은 완전한 발달 즉 한 인간에게 주어진 네 가지 근본적인 관계 - 부성, 부자 관계, 형제애, 결혼 - 를 발견하게 하는 중심입니다.

하느님에 대한 체험은 아버지와 같고, 그리스도와 함께한 체험은 형제와 같으며, 자녀로서의 체험은 성자 안에 성자와 함께 성자에 의해 존재합니다. 또한 예수님에 대한 체험은 교회에서의 배우자와도 같습니다.

이와 같이 가정에서의 삶은 네 가지 근본 경험을 재현합니다. 그 경험은 인간애의 네 가지 얼굴이라는 한 가지의 사실을 공유합니다.

요한 바오로 2세는 여러 번 강론을 했는데, 가족을 구성하는 것에 대한 깊은 신학적 의미를 다음과 같이 말했습니다.

가정은 일치의 신비 속에서 고독이 아닌 가족이 하느님의 모습이라는 사실에 근거를 두고 있습니다. 그래서 가정에서의 규칙과 부부애의 규범은 누군가의 지배에 의한 것이 아니라 친교와 분담에 기초합니다.

하느님은 각 가정 안에서 발현합니다. 왜냐하면 가정은 안정되고 사랑과 자애가 넘치는 공간이기 때문입니다. 그러므로 그 안에서 하느님의 말씀은 환대받고, 점점 더 되새겨질 수 있으며, 작은 씨앗이 큰 나무가 되는 것처럼 자랄 수 있습니다.

가족의 삶은 이해하기 쉬운 방법을 통해 가족애의 묵시를 받습니다. 그것은 바로 우리가 마신 모유와 함께 섞인 믿음입니다.

이처럼 우리는 아주 어릴 적부터 믿음에 대해 배우기 시작합니다. 예수님 자신을 드러내기 위해, 우리를 구원하기 위해 스스로 선택한 그 길은 바로 그의 성스러운 가정을 세우기 위함이었습니다.

인간의 역사 속에서 그리고 성체 분배와 참여의 중심 안에서 그 첫 번째 성전은 나사렛의 성스러운 가정이었습니다.

기본적인 관계의 완전성 안에 살아 갈 수 있다는 것은 한 사람의 마음이 집중될 수 있도록 하고, 그가 건강하고 창조적인 방법으로 외부에 전도할 수 있도록 허락합니다.

만일 누군가의 마음에 이 근본적인 관계들이 결여되어 있다면 마을을 형성하는 것, 모두에게 자비를 느끼는 것, 가장 멀고 배제된 사람들까지 염두에 두는 것, 초월성을 수용하는 것은 불가능합니다.

이 가정의 자애로운 중심성에서부터 한 사람은 사회적으로 소외된 모든 사람뿐만 아니라, 그 스스로의 존재에까지 마음을 열면서 성장하고 사랑할 수 있게 됩니다.

바로 그곳에서 가장 큰 하느님에 대한 예찬이 시작됩니다.

땅은 우리의 집입니다

땅은 우리의 집입니다.

땅은 우리의 몸입니다.

또한 우리는 땅입니다. 그럼에도 불구하고 현대 문명화를 위해 인간은 세계와의 조화에서 분리되었습니다.

자연은 재산과 경제적 개발을 위한 단순한 채석장으로 변하는 과정을 마쳤습니다.

이렇게 우리의 집, 우리의 몸, 우리의 무엇인가는 타락합니다. 현대 문명은 그 스스로 내부에 분해하는 양상을 수반합니다.

무엇이 우리를 타락하게 할까요? 우리에게 비용이 들게 하며 이미 우리에게 큰 고통을 겪게 해서 우리가 생존에 대해

염려하게 만드는 징후를 불러오는 '파괴'입니다.

저는 이 파괴가 '변질된 초월성'과 같이 이해될 수 있다고 말합니다.

마치 자연과 세계에 관한 인간의 초월성이 분리를 함축시키는 것처럼 우리는 자연 앞에 놓였고, 자연과 대면했으며, 그 안에서 우리의 초월성과 우리의 인성을 견적 냈습니다.

우리가 자유롭고 우리가 살아가는 세계를 조사하고, 이해하며, 변경할 수 있다는 사실이 모두가 가치 있다는 것을 의미하지는 않습니다.

인간은 우리의 머리를 자연의 결정론 위에 일으켜 세울 수 있습니다. 그 결정론을 무시하기 위해서가 아니라 그 풍부함, 그 의미를 알기 위함이며, 그들의 결핍에 대해 자유로워지도록 하기 위함입니다.

수십만 년 동안 조정된 목표를 무시하기 위해서가 아니라 가능하면 많이 환원하기 위함입니다.

그것은 삶의 깊은 흐름에 분리된 공간을 가질 수 없는 과학과 기술의 기능입니다. 자유롭지만, 우리에게 주어진 자연과 분리되지 않는 것입니다. 과학과 기술은 창조적인 차원 내에서 움직입니다.

최초의 기본적 무교양에서부터 지성과 노동을 통해 문화를 창조합니다.

무교양의 최초 형태는 문화로 변화합니다.

만일 자연이 그 스스로 안에 지닌 규칙을 존중하지 않는다면, 인간의 활동은 파괴적이며, 혼돈을 초래합니다.

그것은 무교양의 두 번째 형태를, 세상과 인류를 파괴할 수 있는 새로운 혼돈을 가져옵니다.

주의하세요

주의하세요!

우리의 싸움은 인간의 힘에 대항하는 싸움이 아니라 무지에 대항하는 싸움입니다. (에페소인들에게 보낸 편지 6장 12절)
예수에게 일어났던 것처럼(마태오의 복음서 4장 1절~11절) 사탄은 우리를 유혹하고 방향을 잃게 하고, '실현 가능한 대체물'을 제안합니다.

믿음을 받고 충분해지는 사치는 있을 수 없습니다. 우리가 모든 사람과 대화해야 하지만 유혹 때문에 그러지 못하는 것은 사실입니다. 오직 사막에서의 하느님처럼, 하느님 말씀의 힘 안에 대피해 있고 기도로 간절히 구해야 합니다.

어린아이의 기도와 가난한 자의 기도와 간단한 기도, 우리가 누구의 아들인지를 알고 아버지께 도움을 구하는 기도와 겸손하고 아무것도 없는 부족한 기도라도 상관없습니다. 겸손한 자는 잃을 것이 없습니다. 오히려 이들에게는 길이 열립니다. (마태오의 복음서 11장 25절~26절)

낭비와 승리, 수확의 시기가 아니라 우리의 적이 주의 곡식 옆에 해로운 것을 함께 심었고 이 둘이 함께 자란다는 사실을 깨달아야 합니다. 우리는 이것에 익숙해질 것이 아니라 몸을 구부려 다윗의 굴삭기를 위한 돌 5개를 주울 때입니다. (사무엘상 17장 40절)

보이는 것이 전부가 아닙니다

오늘날 꼭 필요한 네 가지 분별의 원리에 관한 네 가지 가르침을 깊이 생각해 봅니다.

더 멀리 내다보라. 보이는 것이 전부가 아니다.

항상 사람에 대한 모든 것, 모든 사람을 고려하라.

항상 더 적절하고 더 효과적인 방법을 모색하라. 지옥으로 가는 길은 좋은 의도에서 시작한다.

긍정적인 실현과 가치를 되찾으면서 온전한 것부터 건설하라.

예전의 것을 실행에 옮기기 위한 방식으로 네 가지를 제안합니다.

항상 진실을 말한다.

연대적 우애를 다진다.

항상 우리의 능력을 발전시킨다.

인생의 구체적인 증거와 본보기를 제시한다.

예수의 기적처럼, 우리의 빵과 물고기도 늘어날 수 있습니다. (마태오의 복음서 14장 17~20절) 예수님이 제자에게 예로 제시했던 것처럼 우리의 작은 헌납도 최고의 가치를 갖습니다. (루가의 복음서 21장 1~4절)

이야기에서처럼 우리의 작은 씨앗이 나무와 알곡이 됩니다. (마태오의 복음서 13장 23, 31~32절)

이 모든 것은 성체가 되어 존재하는데, 우리의 빵과 와인은 우리에게 영생을 주기 위해 성체로 변화합니다.

우리에게 끝없고 어려운 임무가 요구되기도 하는데, 부활에 대한 신념 속에서 창조성과 희망에 도전할 수 있습니다. 항상 섬기는 사람의 자리에 있으면서, 예수님의 첫 징후의 협력자들을 찾아내어 여인(마리아)의 지시를 따라야 합니다. 너희에게 무슨 말씀을 하시든지 그대로 하라 하셨습니다.

(요한의 복음서 2장 5절) 창조성과 희망은 삶을 성장시킵니다. 모든 것을 집대성하는 이번 해에 강조하며 말하고 싶습니다. 교육은 인생을 결정합니다. 후안 파블로의 말로 우리의 어머니에게 간청합니다.

오 마리아

새로운 세계의 여명,

생명의 어머니,

당신에게 삶의 이유를 맡깁니다.

보세요, 어머니, 헤아리기 어려운 수의

태어나지 못하고 있는 아이들을

살아가기 힘든 가난한 자들을

냉혹한 폭력으로

희생되는 남자들과 여자들을

무관심으로

혹은 동정심으로

죽어 가는 노인들과 병자들을요.

당신의 아들을 믿게 하시고

이 시대의 모든 이에게

견고함, 그리고 사랑과 함께

인생의 복음을 알게 하소서.

그를 맞이하는 고마움을 그들에게 느끼게 하소서.

항상 새로운 선물처럼,

그가 존재하는 동안 계속

감사의 마음과 함께 축하하는 기쁨처럼

그리고 그를 증명하는 용감함처럼

부지런한 끈기를 가지고,

훌륭한 의지를 가지고 있는 모든 이들과 함께,

진실과 사랑의 문명을 건설하기 위하여,

창조신의 찬사와 영광을 위하여,

그리고 인생의 동반자를 위하여.

아멘.

조건 없이 베푸는 사랑

예수님은 그저 명령을 내리기만 한 것이 아니라 인간성 있는 공동체와 인연을 만들기 위한 유일한 방법을 선언했습니다. 남의 이목을 끌지 않고 조건 없이 베푸는 사랑은 다른 사람을 이웃으로 느끼고 생각하는 신념으로 견고해집니다.

어려운 결과가 필요와 결핍 그리고 사랑을 향한 소망을 느끼지 못하는 인간을 맞이하게 한다는 점은 분명합니다. 하지만 우리의 한계가 보이는 조건이 항상 우리의 흥미에 따라 늘어나고 줄어든다는 점 또한 분명한 사실입니다.

예수님이 우리에게 가르친 사랑은 조건이 없고 끝이 없습니다. 그렇기 때문에 많은 사람은 예수님을, 그의 가르침을 망상이나 광기 정도로 여기곤 합니다. 그리고 그들은 비판이나 도전 없이 애매함을 형성하는 것을 선호하곤 합니다.

그들의 관심이 몇몇 사람 그리고 당국에 영향력 있어 보일 때, 도덕적인 행동으로 보일 때 이 문화적 사회적으로 범용적인 위선자들은 위와 같이 주장합니다.

하지만 신념과 근본적인 행동 같은 사랑 - 그들이 광기라고 칭하는 - 이 불러일으키는 다른 사람, 다른 사람에 대한 관심 없이 과연 윤리라는 것이 세워질 수 있을까요?

예수님이 제안한 우리를 속이고, 상처 주고, 조국 독립 계획을 방해했던 일상적인 '광기'로부터 우리를 지켜 주었던 사랑하라는 계율의 광기는 상대주의의 광기였고 유일한 이데올로기와 같은 힘의 광기였습니다.

다름에 대해 존중한다는 변명과 함께 상대주의는 위반과 선동을 동질화합니다. 이는 곧 가치와 원칙을 지지하는 성숙한 용기를 요구하는 장애물을 피하기 위해 허용하는 모든 것입니다.

상대주의는 기묘하게도 절대주의, 전체주의와 같습니다. 상대주의는 고유의 상대성을 구분하는 것을 허용하지 않으며 "조용히 해."나 "하지 마."라는 것도 구분하지 않습니다.

유일한 이데올로기와 같은 힘은 또 다른 거짓말입니다. 만약 이념적 편견이 고유의 안보와 공포에 따라 이웃과 사회에 대한 시선을 비뚤어지게 한다면 유일한 이데올로기로 만들어진 힘은 '모든 의견은 힘의 잔재이다.'와 '모든 사람은 다른 사람 위에 군림하려 한다.'라는 편견과 박해의 초점을 강조할 것입니다.

이 점에서 제가 지적했듯이 사랑의 뿌리와 열매인 사회적 신뢰는 소모될 것입니다.

반면에 예수님은 섬김과 같은 사랑의 힘을 보여 주었습니다. 사랑의 힘은 그것이 파괴되면 될수록 언제나 소생했습니다. 그 힘의 원천은 인간이 알아차릴 수 있는 영역을 벗어난 저 먼 곳에 있습니다.

도달할 수 없고 의심의 여지가 없는 그 힘의 원천은 바로 하느님의 부성애에 있습니다. 사람과 사람 사이에서 전해지는 사랑은 조작되지도 않으며 오해받지도 않는 것입니다. 오직 가장 가치 있는 하느님의 사랑만이 예수님의 힘을 확고히 할 것입니다.

가엾은 존재를 기억하세요

　우리는 모두 단순하고 깊은 사랑의 주권과 사랑받는 존재인 우리의 위엄과 인연에서 예수님의 사랑과 아버지 하느님의 사랑을 연결시키는 계율의 복음과 사랑의 주권을 재건하기 위해 초대받았습니다.

　반면, 하느님의 이름으로 다른 진정한 본질이나 이념적 본질을 정복하려 하거나 폭력을 행사하려 할 때, 말 그대로의 우상 숭배로 접어들게 될 것이며 우리는 하느님께서 우리와 함께 행하신 대로 행하지 않게 될 것입니다.

　"사회의 약자들에 대한 무시, 포기의 표출과 같은 우리의 무관심으로 공범이 되는 것은 우리에게 무엇을 가져다줄까?"

　젊은이들의 힘, 무절제한 소비문화, 불변의 거짓에 만족할 줄 모르는 욕심 속에서 노약자들은 언제나 원하는 대로 살아가는 것에 만족하는 위선자들이 가득한 사회에서 언제든 버릴 수 있는 것쯤으로 치부되며 외면당했습니다.

대중과 공공의 선은 이기주의를 느끼는 사이 거의 중요하지 않은 것으로 보였습니다.

미디어가 보여 주는 명백한 사회적 진실들에 충격을 받습니다만 이후에 우리는 이 문제를 덮어 두고 큰 자비의 표현을 필요로 하는 그 정치적 결과에 아무 행동도 취하지 않습니다.

노약자들 - 아이와 노인 - 은 이렇게 항상 외면당합니다.

우리는 주변의 의지를 거부합니다. 우리는 즐거움을 주는 장소에 한눈을 판 채 도와 달라는 외침을 듣지 않습니다. 기술의 수동적인 익명성과 차가움을 개선하려고 하지도 않습니다.

우리는 모든 것을 외면하고 그것들을 모방합니다. 왜냐하면 우리는 성인들의 장소를 받아들이고 싶어하지 않으며 사랑하라는 계율에서 필요한 것이 보살펴 주는 것, 범위를 정해 주는 것, 장래를 열어 주는 것, 개인의 삶과 함께 증언한다는 사실을 이해하지 못하기 때문입니다.

그리고 항상 그렇듯 가장 가엾은 존재는 사회적으로 가장 비극적인 일을 겪곤 합니다. 이를테면 어린이가 폭력에 노출되거나 보호받지 못하고 밀매, 학대, 착취당하는 경우가 바로 그렇습니다.

노인들 또한 물질적으로 부족할 뿐만 아니라 외면을 당하기도 합니다. 노인들은 참여하거나 의견을 제시하지 못하기 일쑤입니다. "오직 젊은이들만이 이용 가치가 있으며 즐길 수 있다."라는 물질주의자들의 의견에 따라 존중되지 못하는 노인들은 현대 문명사회에서 생존하기 위해 극복해야 할 수많은 난관 속에서 이기주의와 함께 외면당합니다. 그 노인들은 사회 전체를 위해 우리 국가의 지혜로운 존재로 인정받아야 합니다.

사랑은 진정한 힘입니다

　사랑은 공공의 안전과 모든 선함을 강력하게 하고 이익을 주게 하는 모든 선으로 우리를 인도합니다.

　열정이 없는 신비롭지 않은 정치는 사업의 합리주의 또는 권력의 향유로 이어지며 이는 선에 의해 파괴하는 것으로 끝나게 될 것입니다.

　예수님이 살면서 전했던 사랑의 계율을 돌아보면 스스로를 반성하게 됩니다.

　이는 오늘날 모든 나약함으로부터 벗어난 강력한 힘에 대한 갈망을 보이는, 끝없는 야망을 이루고자 발버둥치는 인간의 나약한 모습을 대변합니다.

　우리는 나약함을 보는 일을 견디지 못합니다.

　공공의 계획을 실현하는 명목으로 우리를 인도하는 진실

의 대화와 탐구는 나약함을 받아들이는 것을 의미합니다. 하지만 항상 반대로 들어맞는 인상을 받지요.

오류는 다른 사람에 의해, 그리고 다른 공간에서 저질러집니다. 범죄, 비극, 부패로 초래된 우리가 갚아야 할 무거운 빚이지요. 그러나 책임지는 사람은 아무도 없습니다.

이는 경솔한 게임으로 보입니다.

힘에 대한 존경, 마치 아드레날린처럼 축적된 힘을 찾는 연습은 오늘날의 인위적인 절정이며 내일의 자멸을 의미합니다.

진정한 힘은 사랑입니다. 사랑은 다른 모든 것을 가능하게 합니다. 또한 다른 모든 것을 시작할 수 있게 합니다.

사랑은 어떤 사슬로도 묶어 둘 수 없습니다. 왜냐하면 십자가나 죽은 자의 무덤까지 사랑할 수 있기 때문입니다.

젊음의 아름다움도 인정이나 허가도, 돈이나 명예도 필요하지 않습니다.

이 땅의 정치학자와 권력자들의 눈에 약해 보이고 하찮아 보이던 예수님은 세상을 진보시켰습니다.

"사랑하라."는 예수님의 가르침은 우리에게 "사랑의 실천을 행하라."는 부름의 느낌을 줍니다. 그 가르침은 자연의 순수한 자극이 아닌 우리의 자연스러운 것들과 하느님의 의도인 은총입니다. 그 은총은 우리를 강하게 만들어 줍니다.

겸허한 사랑의 가르침

비록 다르게 생각하더라도 사랑은 율법학사와 예수님에게 고귀함을 불어넣었습니다. 이것이 바로 '노블리스 오블리제'입니다.

예수님은 왕국 건설을 위한 높은 신뢰에 기반을 둔 상호 간의 믿음과 함께 살아가는 것은 물론 우리를 이롭게 하는 국가 공동체 건설의 문을 열었습니다.

사랑은 오늘날 우리를 모든 일을 쉽게 처리하려는 경향으로부터 벗어나게 합니다.

아울러 성숙하지 못하고 냉담하고 비겁한 것으로부터 벗어나게 합니다. 실패와 오류 앞에 머리를 숨기는 타조의 심리와 현실 앞에 무덤덤해지는 것으로부터 벗어나게 합니다.

마지막으로 사랑은 나약한 존재를 재건하고 화해하고 성

장하게 하는 모든 잠재 능력을 받아들이게 합니다.

단순한 충동과 일상적인 감상주의에서 멀리 있는 사랑은 인간이 경시받는 사회를 향한 근본적이고 숭고하고 바꿀 수 없는 과제입니다.

이미 우리는 힘에 대한 끝없는 갈망, 절대적인 본래의 강압과 다른 의견에 관한 모욕이 우리를 어느 곳으로 인도하는지 알고 있습니다. 바로 무덤덤한 의식과 외면으로 인도하는 것입니다.

허세의 욕망이 아니라 다른 이를 도울 수 있는 헌신과 신념의 견고함만이 오직 일정하고 겸허한 사랑의 가르침이 지닌 비밀입니다.

고요하고 인내심 있는 사랑의 모범인 성모는 우리와 함께 할 것이고 우리가 가진 십자가의 발과 희망의 빛을 축복해 줄 것입니다.

항상 깨어 있어라

착한 사마리아인

어떤 율법학자가 예수를 시험해 보기 위해 일어나 그에게 물었습니다.

"선생님, 영원한 삶을 이어 가기 위해서는 무얼 해야 할까요?"

예수는 그에게 "율법에는 무엇이라고 기록되어 있느냐? 너는 어떻게 읽었는가?"라고 되물었습니다. 그가 "네 마음을 다하며 목숨을 다하며 힘을 다하며 뜻을 다하여 하느님을 사랑하고, 네 이웃을 네 몸과 같이 사랑하라."고 기록되어 있다고 대답했습니다.

예수가 말씀하길, "네가 대답한 그대로다. 그대로 행하라,

그러면 살리라."

하지만 이 율법학자는 예수를 시험하기 위해 그에게 이런 질문을 했습니다.

"그러면 저의 이웃이란 누구입니까?"

예수는 대답했습니다.

한 남자가 예루살렘에서 여리고로 내려가다가 강도들을 만났다. 그들은 그의 옷을 벗기고 때렸으며, 거의 반송장이 된 남자를 두고 떠나 버렸다. 우연히 한 제사장이 그 길을 내려가다가 그를 보았지만 그저 그가 갈 길을 갔고, 또한 어떤 레위인도 그를 보았지만 그냥 떠나 버렸다.

그곳을 여행하던 한 사마리아인만이 그를 보았고, 그를 불쌍히 여겨 그에게 다가가 기름과 술로 그의 상처를 소독하고 붕대로 묶어 주었다. 후에 그가 타던 짐승에 그를 태워 주막으로 데리고 가 그를 돌보아 주었다.

다음 날 주막 여주인에게 두 데나리온의 돈을 주면서 말했다.

"그를 돌보아 주시오, 돈을 더 쓸 일이 있으면, 돌아와서 주리다."

"이 세 사람 중 누가 강도 만난 사람의 이웃처럼 행동한 것으로 보이는가?"라고 묻자 "그 남자에게 자비를 베푼 자입니다."라고 율법학자가 대답했다.

그리고 그에게 예수가 말했다.

"보라, 너도 이와 같이 하라!" (루가의 복음서 10장 25~37절)

착한 사마리아인 이야기는 상처받은 조국을 다시 건설하기 위해 우리가 취해야 할 선택을 잘 보여 주는 독보적인 표상입니다. 아픔과 상처 앞에서 유일한 출구는 착한 사마리아인이 되는 것입니다.

다른 모든 선택은 우리가 걸어가는 길 위에서 만난 상처받은 자의 아픔에 자비를 베풀지 않은 채, 결국 강도들을 따르거나, 그냥 지나쳤던 사람들을 따르게 되는 것입니다.

한 시인이 말했듯이 "조국은 한쪽에 남은 고통을 위해 존재해야지 우리를 위해 존재해선 안 된다." 착한 사마리아인 이야기는 진정한 일원이라고 느끼고 행동하는 사람들(속된 말로 같은 나라 사람들)로부터 자발성이 한 공동체를 다시 일으켜 세울 수 있음을 우리에게 보여 줍니다.

잘게 나눠진 예수님처럼

"예수는 빵을 쪼개어 나누어 주었다."

최후의 만찬에 대한 이 이야기는 항상 감동적입니다. 예수님의 말과 그의 행동은 우리의 가슴을 깊게 울립니다.

"그들이 음식을 먹을 때 예수님께서 빵을 들어 축복하시고 제자들에게 나누어 주시며 말씀하시길, '받아먹어라. 이것은 내 몸이다.'"

예수님은 곧 그들에게 몸을 맡기시고, 어떤 이가 이를 제공할 것이라고 말하며 그들에게 그의 가슴을 열었습니다. 그러나 배반에 관한 말을 하는 대신에, 예수님은 우리와 함께하고

자 하는 동맹에 집중했습니다.

저는 축복하시어 쪼갠 빵을 주시는 하느님의 이 장면 속 순간에 잠깐 멈추기를 바랍니다. 이는 취약함을 나누고 사랑하는 장면입니다.

'약한' 것은 쉽게 잘게 부서지는 것을 말합니다. 그리고 우리가 보는 복음의 이미지는 '잘게 부수어 놓은', 그리고 건네지는 하느님의 이미지입니다. 쪼개진 빵(약한)은 삶의 비밀을 숨기고 있습니다. 각각의 인간, 각각의 가족, 국가 전체의 삶의 비밀을 말이죠.

참 이상하죠. 분열은 우리의 사회적 삶과 우리 삶의 내부에 있어 가장 큰 위험을 나타내는 경고등입니다. 반대로 예수님에게 부드러운 빵의 모습을 한 이 분열은 그의 가장 힘차고 통합적인 행동을 나타냅니다.

완전히 전념하기 위해서 나뉘어야 한다는 뜻입니다. 성체에 있어 취약함은 강점이 됩니다.

사랑의 강인함은 사랑을 받기 위해 약해집니다.

나뉜 사랑의 강인함은 영양을 주고 생명을 줍니다. 조각난 사랑의 강인함은 공고히 단합합니다.

그의 손으로 빵을 나누신 예수님처럼!

항상 깨어 있어라

우리는 깨어 있어야 합니다.

잠들어 있는 사람은 기뻐하거나, 춤추거나, 환호할 수 없습니다. 우리는 깨어 있으면서 자신과 다른 사람들의 죄와 유혹 및 그러한 압력을 허용하지 말아야 합니다.

여러분 한 사람 한 사람은 하느님의 사랑을 드러내도록 부름을 받은 자기만의 자리와 상황에 놓여 있습니다.

현재를 살고 있는 사람으로서, 이 위대한 땅의 아들딸로서 사회생활의 모든 면에 신앙의 지혜를 불어넣기 바랍니다.

여러분은 교회의 미래일 뿐만 아니라 현재에도 필요한 사람들입니다.

여러분은 젊은 시절의 특징인 낙관주의와 선의와 에너지로 충만해 있습니다.

본성적인 낙관주의를 희망으로, 선의를 자신을 희생하는 순수한 사랑으로, 에너지를 윤리적인 덕으로 변화시켜야 합니다.

외국인과 궁핍하고 가난한 사람과 마음이 부서진 이를 멀리하고 싶은 유혹을 받는 기회가 많을 것입니다. 하지만 익명의 도시 속에 사는 수많은 사람의 외침, 또래의 수많은 젊은 이가 외치는 절규에 응답해야 합니다.

이 광활한 대륙에서 교회는 유연성과 창의성을 발휘하여 대화와 열린 마음으로 복음을 증언하라는 요청을 받고 있습니다.

상대주의라는 거짓된 빛, 최신의 유행이나 오락에 빠지는 피상성, 이미 있는 규칙과 규정 뒤에 숨어 확실한 안전을 택하려는 유혹을 경계해야 합니다.

희망의 표징

이 나라의 그리스도인들이 올바른 정신적 가치와 문화를 짓누르는 물질주의의 유혹, 이기주의와 분열을 일으키는 무한 경쟁의 사조에 맞서 싸우기를 빕니다.

새로운 형태의 가난을 만들어 내고 노동자들을 소외시키는 비인간적인 경제 모델들을 거부하기를 빕니다.

생명이신 하느님과 하느님의 모상을 경시하고 모든 남성과 여성과 어린이의 존엄성을 모독하는 죽음의 문화를 배척하기를 빕니다.

고귀한 전통을 물려받은 한국 천주교인으로서 여러분은 그 유산의 가치를 드높이고, 이를 미래 세대에 물려주라는 부르심을 받고 있습니다.

그러기 위해서는 한 사람 한 사람이 하느님의 말씀에 따라 새롭게 회개해야 하고, 우리 가운데 있는 가난하고 궁핍한 이들과 힘없는 이들에게 깊은 관심을 기울여야 합니다.

이 나라의 교회가 한국 사회의 한가운데에서 하느님 나라의 누룩으로 더욱 충만히 부풀어 오르게 도와줄 것을 간청하며, 이 나라의 그리스도인들이 사회의 모든 영역에서 정신적 쇄신을 가져오는 풍성한 힘이 되기를 빕니다.

하느님 자녀의 자유를 누리며 기뻐할 수 있도록, 그 자유를 지혜롭게 사용하여 형제자매를 섬길 수 있도록, 다스림이 곧 섬김인 영원한 나라에서 완성될 바로 그 희망의 표징으로서 일하며 살아갈 수 있도록 성모님의 은총을 간청합니다.

믿음의 문

 최근 수십 년 동안 한 경험 중에 가장 강렬한 것은 닫힌 문을 마주하는 것이었습니다.

 치안의 악화는 조금씩 문을 닫게 했고, 감시카메라 같은 감시 장비와 문 건너편에 있는 타인에 대한 불신을 가져왔습니다. 그럼에도 불구하고 어딘가에는 아직 열려 있는 문들이 있습니다.

 닫힌 문은 오늘날을 상징합니다. 이것은 삶의 방식을 가리키며 현실, 나와 다른 사람들, 혹은 미래를 마주하는 방법 등 단순한 사회적 자료보다 더 많은 것을 내포합니다.

 나의 기쁨, 고통, 희망, 꿈 등이 있는 내 개인적인 공간인 나의 집 문은 다른 사람들에게 닫혀 있습니다.

 이것은 현실에 존재하는 실제 문에 대한 것이 아닌 나의 삶과 마음에 관한 것입니다. 매번 문턱을 가로지를 수 있는 사람은 줄어들고 있습니다. 굳건한 몇몇 문의 안전함은 다른 사람의 사랑과 삶에 대한 풍요로움에 어울리지 못하거나 깨지기 쉬운 삶의 불안정함을 보호해 줍니다.

믿음의 문과 관련해 사도행전에는 이런 말이 있습니다.

"도착했을 때 그들은 교회에 온 신도들을 모아 놓고 하느님께서 그들을 도와 이루어 주신 모든 일과 또 이방인들에게 믿음의 문을 열어 주신 일을 말했다." (사도행전 14장 27절)

하느님은 항상 앞장서며 그 누구도 배척되는 것을 원하지 않습니다. 하느님은 우리 마음의 문에 노크합니다.

"들어라. 내가 문 밖에 서서 문을 두드리고 있다. 누구든지 내 음성을 듣고 문을 열면 나는 그 집에 들어가서 그와 함께 먹고, 그도 나와 함께 먹게 될 것이다." (요한의 묵시록 3장 20절)

믿음은 신의 은혜이자 선물입니다. 계속되는 단념에서도 당신이 겪었던 매번 커지는 사랑의 손길로 믿음은 굳건해집니다. 왜냐하면 당신은 하느님의 자식이기 때문입니다.

열려 있는 문의 이미지는 신뢰, 자유, 기쁨, 우정, 빛 등의 상징입니다. 정말 우리에게 필요한 것입니다!

닫혀 있는 문은 우리에게 상처를 주고, 마비시키며, 우리를 갈라놓습니다.

믿음의 해를 시작하는 것은 그러한 믿음을 우리 삶에 결부시키기 위한 새로운 부름입니다.

믿음을 참회하는 것은 마음에서 부름을 경험하고 공식적인 고백과 약속 등 행동으로 부름에 대한 답을 보여 주는 것을 의미합니다.

믿음의 문턱을 가로지르는 것은 어린이의 마음을 갖는 것에 대해 부끄러움을 가질 필요가 없다는 사실을 의미합니다. 왜냐하면 가능하지 않은 것을 믿는 것은 희망을 꿈꾸는 일이기 때문입니다.

이것은 의미를 부여하고 역사를 바꿀 수 있는 유일한 능력입니다. 믿음의 문턱을 가로지르는 일은 우리에게 시선을 바꾸기 위해 끊임없이 소원하고 기도하고 숭배하는 것입니다.

　믿음의 문턱을 가로지르는 일은 그리스도 예수님께서 지녔던 마음을 여러분의 마음으로 간직하는 일을 의미합니다. 이것과 함께 새로운 방법으로 생각하는 것, 협력하여 대화하는 것, 서로를 응시하는 것, 서로를 존중하는 것, 가정을 꾸리는 것, 미래를 설계하는 것, 사랑과 소명을 경험하는 것에 대한 체험을 의미합니다.

　믿음의 문턱을 가로지르는 것은 교회에 존재하는 성령의 힘을 믿는 것이고, 시대의 징후를 나타내며, 과거가 더 좋았다는 등의 무력한 비관론에 빠져들지 않고 역사와 삶의 끊임없는 변화를 수반하는 것입니다.

　순결과 진실이라는 누룩 없는 빵과 함께 삶을 준비하면서 다시 생각하고 다시 헌신하며, 일어서야 합니다.

　(고린토인들에게 보낸 첫째 편지 5장 8절)

　믿음의 문턱을 가로지르는 것은 경이로운 눈과 게으르지

않은 마음을 갖는 것을 의미하며, 출산하는 여성을 존경할 줄 아는 것, 인생과 미래에 최선을 다하는 것, 어린이들의 순수함을 지켜 주는 것, 진실을 보증하는 것, 늙은이들을 존경하는 것, 정의를 지키고 우리의 뿌리를 소중히 여기는 것입니다.

믿음의 문턱을 가로지르는 것은 마치 이미 만들어진 모든 것이 신의 나라를 향한 한 걸음인 것처럼 계속해서 되풀이하는 헌신과 품위, 섬기는 정신과 함께하는 생생한 일입니다. 이것은 파종 뒤 침묵의 기다림이며, 예수님에게 감사를 드리며 수확된 과일을 응시하는 것입니다. 왜냐하면 이것은 좋은 것이고, 이미 시작한 일에서 손을 떼지 않기를 청하는 것이기 때문입니다.

믿음의 문턱을 가로지르는 것은 공생과 자유를 위한 투쟁을 요구합니다.

주변 상황이 어렵더라도 확신을 가지고 정의를 실천하는 일, 은덕에 보답하는 일, 조심스레 하느님과 함께 살아가는 일을 하느님은 우리에게 요구합니다. (미가서 6장 8절)

믿음의 문턱을 가로지르는 것은 우리와 함께 살아가는 사람들의 태도, 방식, 경향 등의 영구적인 변화를 의미하는 것으로 그의 삶에 대한 복음과 그의 손길에 감동한 사람들에게 예수님이 남긴 새로운 방법을 전하고, 우리에게 사회와 교회를 위한 이제까지 들은 적 없는 것을 하기 위해 용기를 북돋아 주는 것이 그것입니다. 왜냐하면 누가 예수님 안에 있으면 그는 새로운 창조물이기 때문입니다. (고린토인들에게 보낸 둘째 편지 5장 17절~21절)

신앙의 문턱을 가로지르는 것은 우리를 용서하고 미소 짓게 하고 소외된 사람들에게 다가가 그들을 위로하고 보살피며 그들의 흔들리는 무릎을 지탱하는 것입니다. 예수님은 이렇게 말씀했습니다.

진실히 너희에게 이르거니와, 너희가 이 지극히 작은 내 형제들 가운데 하나에게 해 주었을 때마다 나에게 해 준 것이다.
(마태오의 복음서 25장 40절)

신앙의 문턱을 가로지르는 것은 삶을 축복하고 우리로 하여금 변화를 가져오게 합니다. 왜냐하면 우리는 교단에서 열린

성채 만찬에서 예수님과 함께 하나가 되었고, 그곳에서 진실한 마음으로 최선을 다해 하느님의 위대한 계획에서 일하고 있기 때문입니다.

여러분은 먼저 하느님의 나라와 그분의 의로움을 찾으시오. 그러면 여러분은 이런 것들도 다 곁들여 받게 될 것입니다.
(마태오의 복음서 6장 33절)

신앙의 문턱을 가로지르는 것은 종교회의와 아파레시다 성모의 정신에서 사는 것을 의미합니다. 열려 있는 교회의 문은 받기만을 위한 것이 아니라, 근본적으로 우리 시대 사람들의 삶과 길에 복음을 채우고 나가기 위함입니다.

우리의 교회를 위해 신앙의 문턱을 가로지르는 것은 포교 활동을 하고 기도하며 살아가는 교회의 사명에 대한 확신을 느끼게 합니다.

신앙의 문턱을 가로지르는 것은 결정적으로 새로운 삶에 대한 신호로 우리의 비천한 육신에서의 부활한 삶의 새로움을 받아들이는 것입니다.

부활의 은총

우리는 부활절을 향한 순례를 시작했습니다.

우리가 순례를 떠나기 전에 우리의 죄를 대신해 고난받으시고, 죽임을 당하시고, 부활하신 예수 그리스도로 말미암아 우리에게 생명을 되찾아 주고 하느님과 다시 만나게 된 이 신비스러움을 잘 생각해 보면 순례에 더욱 굳건한 마음으로 임할 수 있을 것입니다.

우리는 걸을 준비를 합니다.

걷는 것은 시작, 출발을 의미합니다. 아브라함과 선지자들, 또한 그 옛날 갈릴리 지방에서 예수를 따르기 위해 길을 나섰던 모든 사람이 걸었던 것처럼 말입니다.

하느님 안에 있는 만백성의 역사와 교회의 역사는 단절, 분리, 이동의 기원에 잘 나타납니다.

아브라함, 모세, 엘리아스, 요나, 룻, 성 바오로, 성 안토니오, 수도사들의 위대한 신부인 성 도밍고, 성 프란치스코, 이그나시오, 테레사 데 헤수스 등 많은 인물의 기원에서 말입니다.

직감은 이 위대한 인물들의 은혜에 응한 것이며 이는 그들의 삶을 풍요롭게 했고, 세기를 거듭하며 그들의 정신으로 교회의 행보를 이끌었습니다.

이 특징은 단순히 지리적인 것이 아니라 여러 가지 상징을 지닙니다.

이는 마음이 움직이는 여정 동안 발견하는 초대입니다. 우리는 변함없이 존재할 수 있도록, 독실해질 수 있도록 변할 수 있게 하기 위해 나가야 합니다.

그럼에도 불구하고 이 긴장 속에서 우리의 심장은 두려움을 계속해서 느낍니다.

의심할 여지없이 시대는 변하고 상황은 반복되지 않습니다. 하지만 삶에 맞서는 방법은 아주 유사한 특징을 가지고 있습니다.

그 특징들은 우리를 위해, 그리고 끊임없는 성령과 지혜의 샘에서 우리가 살아가는 순간에 직면하기 위해 변모할 수 있습니다.

저는 여러분께 기도하고, 묵상하고, 회개하며, 숭배하는 이 사순절의 교회처럼 열심히 사시기를 간청하고 싶습니다. 이는 부활의 은총이 우리 모두와 예수님의 성스러운 모든 마을 위에 충분히 넘쳐 흐르도록 하기 위함입니다.

우리는 이 도시, 부에노스아이레스와 그 시민들이 우리에게 보여 준 도전을 향해 복음을 전도하는 가장 큰 믿음으로 응답해야 합니다. 우리가 찾도록 노력하는 믿음은 몇 년 전부터 '집회의 상태'로 불렸습니다.

이 부활절을 향한 걸음 안에서 저는 지금 요나에 대해 생각합니다.

현실 도피적이고, 조화롭지 못하며, 불평스럽지만 결국 독실한 이 예언자의 모습은 사순절에서 부활절을 향한 우리의 순례에 도움을 줄 수 있습니다.

예언자를 통해 우리는 활력 안에서 각 이동에 존재하는 단절과 연결이라는 두 요소를 발견합니다. 성경은 예수님이 그 예언자에게 인도한 시작의 명령으로 열립니다.

"너는 일어나서, 대도시인 니네베로 가거라. 그리고 그 도시 안에서 그의 악행이 나에게까지 도달했다고 선포하라."

요나는 조용하고 착실하게 살았습니다. 그는 선과 악에 대한 명확한 생각을 가졌는데, 그것은 하느님께서 어떻게 행하시고 각 순간에 무엇을 원하시는지에 대한 것이었습니다.

즉, 누가 예수님과의 계약에 충실한지 누가 아닌지에 대한 것입니다. 요나는 좋은 예언자가 되고 '항상 이전에 해 왔던 것'의 선상에서 예언적인 전통을 지속하기 위한 비결과 조건들을 가지고 있었습니다.

갑자기 하느님께서는 그를 큰 성읍에 보내 당신 스스로 그에게 말씀하실 것을 선포하게 하기 위해 그의 삶에 급류처럼 난입하면서, 모든 종류의 신뢰와 편리함을 그에게서 빼앗고 그의 규율을 흐트러뜨렸습니다. 그것은 그를 더 먼 가장자리에 나타나게 하는, 근교로 가게 하는 권유였습니다.

큰 성읍이었던 니네베는 모든 나눠지고, 고립되며, 잃어버린 것의 상징이었습니다.

요나는 매우 절망적인 모든 사람에게 주님의 팔이 열려 있으며, 그들을 그의 용서로 치유하시고 사랑으로 그들을 기르러 오시기를 기다린다는 예수님의 사명을 기억하게 함을 믿었고, 그를 몸소 체험했습니다.

하지만 니네베로 떠나는 일은 요나가 이해할 수 있었던 모든 것에 들어가지 않았고, 그는 도망쳤습니다. 주님께서는 그를 니네베로 보냈지만, 그는 반대 방향인 스페인 옆의 타르시스로 향했습니다.

도피는 결코 좋을 수 없습니다.

결핍은 우리를 과도하게 주의 깊게 만들고, 모든 것이 장애물로 변할 수 있습니다.

타르시스로 향한 배는 폭풍우를 만났고, 요나가 자신에게 잘못이 있다고 고백했기에 선원들은 그를 물에 던졌습니다.

물에 빠졌을 때 물고기 한 마리가 그를 집어삼켰습니다.

항상 명확하고 의무를 다했으며 착실했던 요나는 주님의 계약이 이미 맹세한 것을 무효화하지 않는다는 사실을 염두에 두지 못했습니다.

주님은 그 자녀들의 선에 대해 다룰 때에는 굉장히 고집쟁이셨습니다. 그래서 우리에 대한 그의 인내가 끝을 보일 때에 그는 아주 부드럽게 아버지의 다정한 말씀이 울리도록 기다리기 시작합니다.

그리고 두 번째로, 첫 번째와 같은 말로 주님의 말씀이 요나에게 내렸습니다.

"일어나 저 큰 성읍 니네베로 가서, 내가 너에게 이르는 말을 그 성읍에 외쳐라."

요나는 이번에는 니네베로 갔고 그곳에서 공표했습니다. 니네베가 변했을 때, 요나는 이상하게도 그에 대해 기뻐하는 대신 주님께 불평을 드러냈습니다.

"아, 야훼이시여. 저는 당신께서 자비롭고 너그러운 하느님이시며, 분노에 더디시고 자애가 크시며, 벌하심을 후회하시는……."

요나는 완고한 사람이었습니다. 이러한 면모는 그의 정신에 족쇄를 채우고, 그의 마음이 귀머거리처럼 되게 만들었습니다. 그의 고집은 그의 시점에서 그의 평가와 방법에 의해 그 자신을 포로로 만들었습니다.

그가 주님의 목소리를 발견하는 것은 어려운 일이었습니다. 그는 그의 사람들 가운데에 주님의 개입이 있다는 사실을 알지 못했고, 그의 나라를 하느님 아버지의 심장과 함께 인도하는 능력도 깨닫지 못했습니다.

고립된 심장의 자각이 그 얼마나 완고합니까!

그는 희망을 유지하는 성령의 기쁨과 즐거움을 알지 못합니다. 그 고립에 의한 내부적인 압박은 일상적으로 불평이라는 탈출구를 찾습니다.

그의 자각에서 고립된 사람은 버릇처럼 불평하는 영혼입니다. 마치 우화의 청년들처럼 보입니다. 아무도 그에게 잘 오지 않았습니다. 산타 테레사께서는 이것을 수녀님들에게 경고했습니다.

"아, 그들이 나에게 부당한 행위를 저질렀습니다."

부정을 수집하는 사람, 지속적으로 불만족스러운 사람, 항상 우리에게 오시는 주님의 마음을 여는 기쁨을 알지 못하는 사람은 대부분 고립된 자각을 가진 사람들입니다.

부디 오늘날 우리가 살아가는 교회, 특히 우리의 대 주교구의 교회와 이 어지럽혀진 '추기경 회의' 안에서 요나와 연대

할 수 있기를 바랍니다.

우리 도시의 특정한 현실과 그 요구들, 건전한 흥미를 발견하는 것은 우리에게 '오늘날 부에노스아이레스의 교회가 어떠해야 하는지'를 찾아내도록 호소합니다. 하지만 동시에 되풀이되는 기억을 찾아가면서 이 추기경 회의의 시기에 우리는 결정하고 계획하기 위한 시간을 희망하고 또 갈구합니다.

그럼에도 불구하고 주님께서는 우리를 나무라며, 성령과 함께 사람들에 대한 우리의 시각이 우리가 보고 싶은 대로 보는 것이 아니라, 그 자체로 볼 수 있도록 인도하십니다.

이렇게 우리는 경험적으로 또한 우리의 것들인 우리 민족이 가지고 있는 상처와 약점들을 인정합니다.

상처와 약점들로 인해 주님은 마음을 치유하는 은총의 위안과 고무시키는 복음을 만들게 한 복음서의 힘, 떠받치는 형제 같은 존재를 우리에게 요청했습니다.

하느님의 충실한 나라는 우리에게 아버지의 부드러움을 요구합니다. 그리고 그 부드러움은 오직 우리 사도의 열정을 새롭게 하고, 대담하게 "주께서 우리를 처음으로 사랑하셨다."는 사랑의 증인이 되게 하는 것으로 도달할 수 있습니다.

요나와 같이 우리가 보내졌다는 사실은, 우리에게 어려움과 위압을 줍니다. 전대미문의 응답을 요구하는 새로운 요청이 나타납니다. 이전에 우리는 오직 우리의 방법으로 일들을 잘 처리했던 반면, 우리 사회에 생긴 분열은 우리에게 최상의 연대가 솟아 나오는 교회의 정체성에 대한 복음 전도의 요구에 대치하게 만듭니다.

이 연대 의식은 성령의 일치와 함께 우리의 단결을 강화할 것입니다. 또한, 우리를 유혹하는 정신적 착란을 방어하게 만들 것입니다.

요나와 동일하게, 우리도 끊임없는 호출을 들을 수 있는데 그것은 우리를 다시 니네베로의 모험으로 부르고, 새로운 복음 전도, 주님과의 만남을 통한 결실의 주인공이 되는 위험을 받아들이게 합니다.

주님은 항상 새로우십니다. 또한 우리가 알고 있는 것보다 더 멀리 있는 가장 상처받은 사람이 존재합니다. 그들의 존재는 사람들이 삶의 의미의 해답을 향해 헤치고 나아가게 합니다. 그곳으로 출발하고 이동하게 합니다. 우리 형제들은 주님의 도움으로 모든 우리 행동의 의미, 우리 기도의 장소, 우리

헌신의 가치를 발견합니다.

여러분께 저를 위해 기도해 달라고 정중히 요청합니다. 예수님은 여러분께 축복을 내리시며, 동정녀이신 성모님은 사랑을 다해 여러분을 돌볼 것입니다.

주님의 사랑, 받을 준비가 되어 있습니까

성찬식에서 우리는 진실한 약속인 이 계약의 대화를 여러 번 되새겨 봅니다. 우리의 세례식 날에, 사제는 우리의 아버지들에게 물었습니다.

"당신들은 당신의 아들을 신앙 안에서 교육할 자신이 있습니까?"

그들은 대답했습니다.

"네, 준비되어 있습니다."

결혼 성사에서 그는 모든 여러분, 가톨릭교의 신부와 신랑에게 질문했습니다.

"당신들은 하느님을 신실히 믿을 준비가 되어 있습니까?"

그리고 여러분은 대답했습니다.

"네, 준비되어 있습니다."

서품식에서 사제들은 우리에게 물었습니다.

"당신들은 하느님을 칭송하고 신도들의 성화를 위해 충실하게 미사의 사회를 볼 준비가 되어 있습니까?"

우리는 대답했습니다.

"네, 준비되어 있습니다."

이 계약의 약속 후에 우리는 전례에 대한 기억을 변함없이 마음에 새긴 예수님의 방식을 알게 됩니다.

예수님의 그런 방식은 우리에게 허락을 구하며, 하느님을 받아들이기를 원하는지를 물어보며 우리의 삶에 들어오는 방식입니다. 주님은 항상 말씀합니다.

"내가 문 밖에 서서 두드리노니, 누군가가 나에게 문을 열어 주면 들어가서 함께 식사할 것이다."

예수님은 우리의 삶에 침입하지 않습니다. 그분은 항상 물으십니다.

"나와 함께 걷기를 원하느냐?"

"너희는 한 발 앞으로 더 나아갈 준비가 되어 있느냐?"

우리를 유혹하거나 우리를 협박하는 그렇게나 많은 현실들 앞에서, 예수님은 항상 또다시 우리의 자유를 위해 호소합니다. 미사에 대한 그의 언어가 많은 이에게 어렵게 보일 때, 예수님 자신은 그의 동료들에게 묻습니다.

"너희들은? 너희들 역시 나를 버리길 원하느냐?"

베드로는 모두의 이름으로 그에게 말합니다.

"아닙니다, 주님. 저희가 누구에게 가겠습니까?"

예수님이 그토록 뜨겁게 우리와 나누기를 원했던 미사에서, 계약의 이 대화는 주님이 주는 겸손함에서 그 힘을 발휘합니다. 우리가 "가지고 먹어라."라고 말씀하는 것을 들을 때, 사실 그 말의 뜻은 "나의 살을 먹고 피를 마시겠느냐?"라는 말입니다.

그가 "나를 기념하라."라고 말씀할 때, 내포된 의미는 "나를 기념할 준비가 되어 있느냐?"입니다. 빵을 주는 것과 같은 아주 간단한 이런 행동은 조건 없는 사랑과 같습니다. 조건 없이 다른 사랑으로 겸손하게 받기를 요구하는 행동입니다.

비록 때때로 잠시 미사를 옆으로 제쳐 둘 때가 있습니다. 그러나 미사는 우리가 삶의 중요한 순간을 맞이했을 때, 항상 다시 회복됩니다. 비록 우리가 알지는 못하지만 주님께서 우리의 길에 같이 동행하며, 빵을 나눌 때 우리가 눈뜨고 그의 사랑의 기억을 되찾는 순간이 항상 존재합니다. 그것이 바로 미사를 축하하는 것입니다.

하느님이 베푸는 사랑의 기억을 되찾으십시오!

예수님은 미사에서 십자가 위에서 실행하려고 했던 자기 자신을 예상했습니다. 예수님은 미사에 그의 모든 사랑을 집중시켰습니다.

그런 미사는 우리의 눈을 뜨이게 하고, 우리를 기억하게 하고, 우리 마음의 기억을 사랑에 잠기게 합니다.

미사는 우리에게 십자가의 신비와 예수님이 부활한 신비를 느끼게 하고, 성령님과 맺은 사랑의 계약을 유지하게 합니다.

오늘은 우리가 그 계약을 새롭게 하기 위해 무엇을 했는지 또한 주님이 우리에게 어떤 방식으로 겸허하게 물으셨는지 느낄 수 있는 아주 특별한 날입니다.

"너희들은 내 사랑의 기억을 다시 한번 되풀이할 준비가 되어 있느냐?"

우리는 온 마음을 다해 함께 대답합니다.

"네, 저희는 준비되어 있습니다. 진심을 담아 할 것입니다."

주님은 우리가 그의 사랑 안에 변함없이 있기를 명했습니다. 감사하는 마음은 그의 사랑 안에 변함없이 있는 한 방법입니다.

이런 주님의 사랑을 잊지 않을 준비가 되어 있습니까?

주님의 사랑 안에서 머무를 준비가 되어 있습니까?

"네, 준비되어 있습니다!"

주님은 우리에게 서로를 용서할 것을 명했습니다. 그리고 미사를 나누는 것은 우리를 용서하고 받아들이는 것을 의미합니다. 용서하며 용서받을 준비가 되어 있습니까?

"네, 준비되어 있습니다!"

주님은 우리에게 배고픈 자에게 먹을 것을 주라고 명했습니다. 그리스도의 육신을 받는 것은 모든 형제에게 이 빵을 나누는 것을 널리 펼치자는 약속을 의미합니다. 여러분은 나눌 준비가 되어 있습니까?

"네, 준비되어 있습니다!"

주님은 세족식에서 우리에게 그의 자비에 거리를 두지 말 것을 명했습니다. 주님이 가까이 오고 그의 자비로 당신들을 취하며 당신들의 발을 씻겨 주고 깨끗이 하는 것을 받을 준비가 되었습니까?

"네, 준비되어 있습니다!"

주님은 엠마오로 가는 길에 슬픈 생각 속에 잠겨 신앙 없이, 개인적인 생각을 하며 사람들과 떨어져 걷던 제자들을 나무라셨습니다. 주님이 여러분 마음속에 있는 희망을 다시 한번 되살려 보고자, 말씀하는 것을 들을 준비가 되어 있습니까?

"네, 준비되어 있습니다!"

팔을 낮추지 않고 다시 한번 매일 아침마다 바다 한가운데로 노를 젓고, 비록 지금까지 바다에 어떤 생선이 있는 것 같지 않아 보이더라도 주님이 힘든 일 후에 당신을 위로해 줄 빨갛게 핀 숯불과 구운 생선, 따뜻한 빵을 가지고 바닷가에서 기다린다는 사실을 확신하며, 주님의 이름 안에 그물을 던질 준비가 되어 있습니까?

"네, 준비되어 있습니다!"

그런 소망과, 사랑의 대화와 위로하는 말은 우리가 오늘 헌신하며 성체배령을 할 수 있게 해 줍니다.
살아 계신 주님의 기억이 우리에게 용기를 얻게 해 줍니다, 우리는 삶의 모든 구석구석에 소망과 감사를 두게 합시다.
특히 주님의 빛과 그의 자비심처럼 용서하는 따뜻함 사이에서 힘을 내지 못하는 그런 삶의 모퉁이에 말입니다.
그렇게 축복받은 빵으로부터 배를 채우고 주님의 피로 기름 부어짐을 받은 우리는 도시의 모든 곳에 기름을 바르러 갈 것입니다. 주님은 처음 예순두 명의 선교사를 남녀 짝지어 두 사람씩 나중에 주님이 가야 할 장소에 보낸 것처럼 우리에게도 보냈습니다.

또한, 주님이 오는 것을 알리기 위해, 주님보다 먼저 가서 공간을 준비하도록 우리는 노력할 것입니다. 주님은 우리의 삶과 함께 성체배령하기를 원하고 우리 모두와 인류 특히 우리의 모든 죄를 용서하고자 갈망하고 있습니다.

주님은 우리의 사랑에 굶주려 있습니다. 주님은 우리와 함께 교제하길 원해 성찬식을 하는 것입니다. 사랑으로 교제하기를, 우정으로 교제하기를 원합니다.

이 계약을 기억하셔야 합니다. 앙심과 증오, 분열, 이기주의, 원한과 같은 모든 유혹을 거절하며 예수님의 사랑 속에 변함없이 머물러야 합니다.

예수님의 사랑으로 맺어진 이 계약의 길을 걸을 준비가 되어 있다고, 그 길을 걷고 싶다고 가슴속에서 우러나오는 말을 건네야 합니다.

자비로이 부르시니

1.

가난한 이는 힘든 일을 하며 박해를 받습니다.

그러나 부자는 정의를 실현하지도 않으면서 갈채를 받습니다.

2.

오늘날 가장 심한 물의를 꼽으라면, 그것은 고통을 희생양으로 하여 이룬 승리입니다.

3.

노인을 폐기처분하는 사회는 이 지상에서 가장 불량한 사회이며 반드시 사라져야 합니다.

4.

진정으로 사람들과 더불어 가려고 하면 항상 그 걸음걸이는 느려지게 마련입니다.

5.

고통을 운명이려니 생각하며 살아가는 사람들이 있습니다.

그들은 고통을 긍정적으로 받아들이지 못하는 것입니다.

6.

사람은 노동을 위해 태어난 것이 아닙니다.

노동이 사람을 위해 있는 것입니다.

7.

희망이 없는 젊은이는 청년이 아니라, 노인입니다.

희망은 젊음의 일부입니다.

8.

진리는 항상 호전적입니다.

진리를 얻기 위해서는 역시 투쟁적이어야 합니다.

9.

학교는 어린이와 청소년들에게 우리의 역동적인 역사를 만날 수 있게 해 주는 장소입니다.

10.

야만적인 자본주의는 이익만을 우선시하면서 인간을 배려하지 않고, 착취하는 사고방식만 가르치고 있습니다. 베풂과 자선의 가치는 반드시 회복되어야 합니다.

11.

정치는 고귀한 활동입니다.

정치는 공동선을 위해 순교자와 같은 헌신을 요구합니다.

이와 같은 소명감으로 정치는 실천되어야 합니다.

12.

예술의 가치는 그 어떤 인간의 비극이나 고통도 인간이 바라는 최선의 아름다움으로 승화하는 데 있다고 봅니다.

13.

어째서 증시가 2포인트 떨어지면 뉴스가 되고 노숙자가 거리에서 죽어 가는 건 뉴스가 되지 않는 것입니까.

14.

가장 높은 자리에 있는 사람은 누구나 남을 위해 봉사해야 합니다.

나는 성심을 다해 세족을 합니다.

사제로서의 의무이기 때문입니다.

15.

 사랑하는 대학생 여러분, 사실상 여러분은 이미 알고 있습니다. 그 누구도 덮쳐 오는 도전과 마주하지 않고, 도전을 피하며 살 수 없다는 사실을 말입니다.

 만약 도전을 마주하지 않고 그 도전을 피하며 사는 이가 있다면, 그건 사는 것이 아닙니다.

 삶을 발코니에서 관망하지 마세요.

 여러분은 도전이 있는 그곳에 뛰어들어야 합니다.

16.

결정 내리는 것을 두려워하지 맙시다.

이를테면 여러분의 깊은 사랑을 표현하며 결혼을 결심하는 것을 두려워하지 맙시다.

그리고 기도합시다.

끝으로 주님을 여러분 집에 한 가족으로 들어오게 하시기 바랍니다. 그러면 그분께서는 늘 함께하시며 여러분을 보호해 주실 것입니다.

17.

예수 그리스도와 가톨릭교회, 교황은 젊은이들을 믿습니다.

편협과 증오, 이기주의의 벽을 허물고 새로운 세상을 건설하는 일에 젊은이들이 나서야 합니다.

18.

우리가 부와 성공과 쾌락만을 추구하고 우상화한다면, 우리는 도취 상태와 헛된 만족감에 빠질 수 있습니다.

그리고 결국 우리는 그 노예가 되고 결코 만족하지 못하여 끊임없이 더욱 많은 것을 원하게 될 것입니다.

'모든 것을 가졌지만' 지치고 나약한 젊은이를 보는 것은 참으로 슬픈 일입니다.

19.

시류를 거스르는 용기를 가지십시오!

진실로 행복할 용기를 가지십시오!

덧없고 피상적이며 '내버리는' 문화, 곧 여러분이 책임을 지고 삶의 커다란 도전에 맞설 능력이 없다고 치부하는 문화에 아니라고 말하십시오!

20.

베드로가 주님께 묻습니다.

"제 형제가 저에게 죄를 지으면 몇 번이나 용서해 주어야 합니까? 일곱 번까지 해야 합니까?"

예수님께서는 이렇게 대답하십니다.

"내가 너에게 말한다. 일곱 번이 아니라 일흔일곱 번까지라도 용서해야 한다." (마태오의 복음서 18장 21~22절).

이 말씀은 화해와 평화에 관한 예수님 메시지의 깊은 핵심을 드러냅니다.

21.

예수님께서는 용서야말로 화해로 이르게 하는 문임을 믿으라고 우리에게 요청하십니다.

……그러므로 이제 대화하고, 만나고, 차이점들을 넘어서기 위한 새로운 기회들이 샘솟듯 생겨나도록 우리 모두 기도합시다.

또한 도움이 필요한 이들에게 인도주의적 원조를 제공함에 있어 관대함이 지속될 수 있도록, 그리고 모든 한국인이 같은 형제자매이고 한 가정의 구성원들이며 하나의 민족이라는 사실에 대한 인식이 더욱더 널리 확산될 수 있도록 우리 함께 기도합시다.

22.

삶은 길입니다.

혼자서는 갈 수 없는 길입니다. 다른 형제들과 함께 하느님의 현존 안에서 걸어가야 한다고 생각합니다.

함께 걸어가는 것입니다.

23.

　가장 높은 자리에 있는 사람은 누구나 남을 위해 봉사해야 합니다.

24.

사람을 판단하지 마십시오.

그 누구도 타인을 판단할 권리는 없습니다.

25.

남을 험담하지 마십시오.

험담은 진실한 것도 아니며 필요한 것도 아닙니다.

단 하나 상처만 깊게 남길 뿐입니다.

| 프란치스코 교황 연보 |

1936년 1936년 12월 17일, 아르헨티나 부에노스아이레스 출생. 본명 호르헤 마리오 베르고글리오

1958년 예수회 입문. 산미겔 산호세 대학서 철학 전공

1969년 사제 서품

1980년 산미겔 예수회 수도원 원장

1998년 부에노스아이레스 대주교

2001년 추기경 임명

2013년 3월, 교황 선출

2013년 타임 Time 올해의 인물

2013년 7월, 첫 로마 바깥 사목활동으로 이탈리아 람페두사섬 방문. 첫 회칙 '신앙의 빛' 발표. 동성애 유화 발언

2014년 5월, 요르단강 서안 베들레헴 방문. 분리장벽서 기도

2014년 8월 14일~18일, 대한민국 방문. 세월호 유가족, 일본군 위안부 피해자, 쌍용차 해고노동자, 강정마을 주민, 밀양 송전탑 건설 예정 지역 주민, 용산 참사 피해자 등을 만났으며, 이러한 행보에 대한 우려도 있었지만 교황은 "인간의 고통 앞에서 중립을 지킬 수는 없다."라는 명언을 남겼다.

2015년   6월, 가톨릭 첫 환경 회칙 '찬미를 받으소서' 발표

2015년   타임 Time 세계에서 가장 영향력 있는 100인

2017년   타임 Time 세계에서 가장 영향력 있는 100인

2019년   2월, 이슬람교 발상지 아라비아반도 방문. 아랍에미리트 (UAE) 아부다비서 미사 집전

2019년   2월, 수녀 대상 사제 성폭력 인정

2019년   타임 Time 세계에서 가장 영향력 있는 100인

2021년   2월, 세계주교대의원회의(시노드) 고위직에 첫 여성 임명

2021년   6월, '미성년자 성범죄 성직자 무관용' 개정 교회법 반포

2021년   7월, 결장 협착증 수술

2021년   11월, 바티칸 행정 총괄 사무총장에 첫 여성 임명

2022년   2월, 이탈리아 TV 토크쇼 '케 템포 케 파'(Che tempo che fa) 출연

2022년   2월, 교황청 주재 러시아 대사관 방문해 우크라이나 침공 우려 전달

2023   2월, 자진사임설 반박

2023년   3월, 기관지염으로 입원

2023년   6월, 탈장 수술

2023년   12월, '동성 커플 축복' 공식 승인

2025년   2월 14일, 기관지염으로 입원

2025년   3월 23일, 퇴원해 바티칸으로 복귀

2025년   4월 21일, 88세로 선종

| 프란치스코 교황 문장 |

자비로이 부르시니 (MISERANDO ATQUE ELIGENDO)

프란치스코 교황은 예수회의 수도 사제가 되었고 주교로 서품될 때 이 성구를 택했습니다. 방패 위의 금색 줄무늬가 새겨진 흰색 주교관이 있는데 가로 세 줄띠는 교황의 세 가지 직무인 성품권, 통치권, 교도권을 상징합니다. 세로 한 줄로 연결됨은 그것들이 교황 안에 하나로 일치된다는 의미입니다.

방패를 보면, 밝은 푸른 색 바탕에 중앙에 IHS라고 새겨진 불타는 황금색 태양이 있습니다. 이는 프란치스코가 속한 예수회 로고이다. 인류의 구세주 예수(Lesus Hominum Salvator)라는 뜻의 라틴어 약자입니다.

IHS 로고 바로 아래 세 개의 검은 못은 그리스도를 십자가에 못박은 못을 상징합니다. 방패 왼쪽 아래 황금색 별은 그리스도와 교회의 어머니인 성모 마리아를 나타내는 별입니다. 방패 오른쪽 아래 꽃송이는 성모 마리아의 배필이자 보편 교회의 수호자인 성요셉을 나타내는 나르드 꽃입니다.

붉은 줄로 연결된 금빛 열쇠는 하늘, 은빛 열쇠는 땅을 나타냅니다. 그리고 교황이 그리스도 지상 대리자로서 지닌 영적 권위를 상징합니다.

프란치스코 교황 잠언집
가난한 벗들에게

초판 1쇄 펴낸 날 2025년 7월 20일

말 씀	프란치스코 교황
엮은이	장혜민(알퐁소)
펴낸이	장영재
펴낸곳	(주)미르북컴퍼니
자회사	더모던
전 화	02-3141-4421
팩 스	0505-333-4428
등 록	2012년 3월 16일(제313-2012-81호)
주 소	서울시 마포구 성미산로32길 12, 2층 (우 03983)
E-mail	sanhonjinju@naver.com
카 페	cafe.naver.com/mirbookcompany
SNS	instagram.com/mirbooks

* (주)미르북컴퍼니는 독자 여러분의 의견에 항상 귀 기울이고 있습니다.
* 파본은 책을 구입하신 서점에서 교환해 드립니다.
* 책값은 뒤표지에 있습니다.